Luc Braeuer

# U-172

## AVEC CARL EMMERMANN DANS LES CARAÏBES, AU CAP ET À RIO

HEIMDAL

Maquette : Guillaume Fiquet
Correction : Christel Lebret

Dépôt légal 1er trimestre 2019

Éditions Heimdal
Damigny
BP 62350
14406 Bayeux Cedex
Tél. : 02.31.51.68.68 – Fax : 02.31.51.68.60
Courriel : adv@editions.heimdal – www.editions-heimdal.fr

# AVANT-PROPOS

Quand l'*U-172*, commandé par Carl Emmermann, quitte le port de Kiel le **22 avril** 1942, la seconde période faste de l'arme sous-marine allemande se termine avec la mise en place des convois par les Américains le long de leurs côtes. Depuis le début du conflit, les moyens de lutte anti-sous-marine mis en place par les Alliés se sont considérablement accrus : développement du radar embarqué, multiplication des escorteurs et des avions, décryptage des messages radio des sous-marins... De ce fait, les conditions de combat se sont sérieusement dégradées côté allemand... Pourtant, en seulement quatre patrouilles de combat, de mai 1942 à septembre 1943, l'*U-172* de Carl Emmermann va couler 26 navires et ainsi dépasser le chiffre de 150 000 tonnes de bateaux alliés détruits. L'*U-172* se place ainsi au 15e rang des *U-Boote* ayant obtenu le plus de résultats, un bilan exceptionnel à cette époque du conflit. En premier lieu parce que ce sous-marin va rejoindre des secteurs particulièrement lointains où des succès sont encore possibles : les Caraïbes pour la première mission ; Le Cap en Afrique du Sud pour la seconde, où il participe à une attaque-surprise dans une zone où aucun *U-Boot* ne s'était aventuré jusqu'alors ; le centre de l'Atlantique pour sa troisième mission où deux convois sont pourchassés en meute jusqu'aux côtes africaines ; les côtes du Brésil pour la quatrième, d'où il sera le seul à revenir sur sept *U-Boote* engagés... Ensuite parce que le commandant est efficace et très aimé de ses hommes : des membres d'équipage soudés autour de leur chef qui les garde précieusement avec lui d'une mission à l'autre. À l'issue de sa 4e mission de combat, Carl Emmermann est le 25e commandant de l'arme sous-marine décoré de la Croix de Chevalier avec feuilles de chêne. Il accepte un poste à terre et devient chef de la 6e flottille à Saint-Nazaire début novembre 1943. L'*U-172*, qui a déjà survécu à douze attaques aériennes ou maritimes, repart pour sa 6e et dernière patrouille. Sans son commandant charismatique et dans des conditions de combat encore plus difficiles, il est coulé 21 jours après son départ...

L'accès de l'auteur, spécialiste des *U-Boote*, aux photos du commandant Emmermann conservées au U-Boot-Archiv et à plusieurs photos prises par le correspondant de guerre Helmut Berndt, permet d'illustrer le parcours étonnant de ce commandant avec 230 photos exceptionnelles et inédites. Grâce à la traduction de son livre de bord, au témoignage laissé par le commandant Emmermann et aux croquis des patrouilles, suivez l'*U-172* en mission dans les océans lointains...

# FORMATION DE L'OFFICIER DE MARINE CARL EMMERMANN

1. Lancement du sous-marin *Batiray* par les chantiers navals de Kiel en septembre 1938. Destiné à la Turquie, il sera mis en service dans la marine allemande en septembre 39. Lors de sa première patrouille du 27 avril au 10 mai 1940, il transporte des bombes d'avion et des munitions en Norvège. Sa seconde opération de combat, du 6 juin au 30 août 1940, le mène jusqu'aux côtes africaines où 7 bateaux sont coulés. Carl Emmermann est nommé officier en second de l'U-A en novembre. UBA

2. Parti de Kiel le 25 février 1941, l'U-A arrive à Lorient le 18 mars, après une attaque de convoi à l'ouest de l'Angleterre ; seul un navire a été torpillé. LB

3. Dans le kiosque de l'U-A à gauche le commandant Hans Eckermann, à droite debout son *IWO* Carl Emmermann. LB

4. La mission suivante de l'U-A emmène Carl Emmermann sur les côtes africaines. Au retour à Lorient le 30 juillet 1941, cet officier est débarqué et envoyé en Norvège suivre un mois de cours destinés aux futurs commandants. Premier sous-marin à être utilisé comme ravitailleur en mer fin mars 1942, l'U-A ralliera ensuite Kiel pour être transformé en bateau école. Coll. Yves Rio

Carl Emmermann naît à Hambourg le 6 mars 1915 où il fait ses études jusqu'au baccalauréat. À l'âge de 19 ans, le 8 avril 1934, il s'engage dans la *Reichsmarine*; à cette date, l'arme sous-marine allemande démantelée en 1918 est encore inexistante. Sa formation commence par un stage d'infanterie très physique à Stralsund, où seuls les 338 meilleurs sont retenus parmi plusieurs milliers de candidats. Les jeunes élèves officiers sont ensuite confrontés à la mer pendant trois mois sur le voilier-école *Gorch Fock*, où ils apprennent les rudiments de la marine à voile. À l'issue de ce stage, Carl Emmermann est nommé cadet le 26 septembre 1934. Il embarque dès le lendemain sur le croiseur léger *Karlsruhe* pour continuer sa formation de marin lors d'une croisière de neuf mois; des escales à l'étranger permettent aux jeunes cadets de découvrir plusieurs pays, notamment les îles des Caraïbes... D'avril 1936 à février 1939, l'aspirant puis *Leutnant-zur-See* Emmermann étudie le métier d'officier de marine à l'École Navale de Mürwik. À partir de mars 1939, il suit encore seize mois de formation spécialisée sur les torpilles et les transmissions à Mürwik. Quand l'*Oberleutnant-zur-See* Emmermann termine sa formation en juin 1940, la « campagne de France » s'achève. L'armée allemande a conquis les ports français sur la Manche et sur l'Atlantique. L'arme sous-marine renaissante a obtenu de grands succès et le raid mené par Günther Prien dans la rade britannique de Scapa Flow en octobre 1939 a un retentissement considérable en Allemagne. En juillet 1940, Carl Emmermann décide d'entrer dans cette unité particulière considérée comme l'élite de la marine; il se demande cependant si la guerre ne sera pas terminée avant qu'il puisse y participer... Car, pour intégrer les sous-marins, il doit encore se rendre à Kiel pour suivre trois mois de formation spécifique. En novembre 1940, après six ans et demi de formation, il est nommé officier en second du sous-marin *U-A* avec lequel il va effectuer trois missions de combat. Ce sous-marin à la forme particulière, disposant d'un canon sur le haut du kiosque, a été construit par les chantiers Germania Werft de Kiel pour être vendu à la Turquie. Lancé en septembre 1938 sous le nom de « Batiray », il a finalement été mis en service dans la *Kriegsmarine* le 20 septembre 1939 peu après le déclenchement de la guerre. Le 25 février 1941, l'*U-A* part de Kiel avec un nouveau commandant, Hans Eckermann, et un nouvel officier en second, Carl Emmermann. Leur première mission de combat les amène à la chasse d'un convoi à l'ouest des îles britanniques le 7 mars; les escorteurs britanniques qui protègent ce convoi sont particulièrement efficaces ce jour-là, l'U-47 de « l'as » Günther Prien est coulé alors que l'*U-A* est grenadé pendant 16 heures... L'*U-A* arrive cependant à torpiller un navire du convoi le 8 mars à 1 h 09 avant de rejoindre Lorient où Carl Emmermann va recevoir la Croix de fer de 2e classe. La seconde mission doit être stoppée au bout de six jours à cause d'un problème d'hélice... La troisième, du 3 mai au 30 juillet 1941, mène l'équipage jusqu'à Freetown après un ravitaillement par le pétrolier *Egerland*; malgré une patrouille de presque trois mois, aucun bateau n'est coulé, seul un neutre est contrôlé et laissé libre. La mission a été éprouvante, avec une chaleur de 60°C dans la salle des moteurs électriques et des périodes de veille de 6 heures... Carl Emmermann estime que le commandant Hans Eckermann, âgé de 36 ans, est trop âgé pour cette tâche; de plus le sous-marin *U-A* n'a pas les capacités offensives des nouveaux sous-marins de combat de type VIIC ou IXC qui sortent au même moment des chantiers navals en Allemagne. Débarqué à Lorient, Emmermann est décoré le 2 août 1941 de la Croix de fer de 1re classe et de l'insigne des sous-mariniers décerné après trois missions de combat en mer. Il reçoit l'ordre de rejoindre Trondheim en Norvège pour suivre un mois de cours destinés aux futurs commandants : embarqué comme officier en stage sur un sous-marin, il participe à des exercices de plongée et à des tirs de torpille à profondeur périscopique. Puis il retourne en Allemagne pour obtenir un nouveau commandement ■

L'aspirant Carl Emmermann est de la promotion 34 de l'Ecole Navale. Il croise de nombreux élèves qui deviendront des « as » de l'arme sous-marine, notamment Erich Topp, Adalbert Schnee, Engelbert Endrass, Friedrich Guggenberger et Johann Mohr. UBA

# À L'ENTRAÎNEMENT SUR L'*U-172*

Neptune, le dieu des océans, choisi comme emblème de l'*U-172*.

De septembre à octobre 1941, Carl Emmermann et son futur équipage accompagnent les ouvriers des chantiers navals *Deschimag AG Weser* de Brème pour suivre les dernières étapes de construction du sous-marin de type IXC qui va leur être confié, l'*U-172*. Élevé au grade de *Kapitänleutnant* le 1er octobre 1941, Emmermann en est nommé commandant le 5 novembre. Lors de la cérémonie officielle de mise en service ce jour-là, l'*U-172* est remis par les chantiers navals à la *Kriegsmarine*. Excepté le commandant, sur 46 membres d'équipage, seuls deux officiers mariniers ont déjà navigué sur un *U-Boot*! Ils sont vite « mis dans le bain » avec les tests d'étanchéité réalisés lors de plongées d'essai avec les spécialistes du département de contrôle *UAK* (*Unterseeboot Abnahme Kommando*) au large de Kiel, jusqu'à la fin novembre. Deux mois d'entraînement vont maintenant être nécessaires pour que l'équipage se familiarise avec le submersible. Le 3 décembre, départ vers le port de Stettin, siège de la 4e flottille d'entraînement, puis la baie de Danzig où sont réalisés des exercices de combat individuel pendant une semaine, notamment des tirs d'artillerie en surface au canon de 105 mm. Le 15 décembre, départ pour Gotenhafen pour les tests de torpilles au large durant 3 jours. La simulation d'attaque en meute se déroule du 20 au 30 décembre en baie d'Hela, port où l'équipage peut célébrer les fêtes de Noël. L'hiver est très froid, les températures descendent même en dessous des – 20°C... En surface la glace recouvre le canon de 105 mm et une partie du kiosque. L'entraînement continue cependant par des tirs réels de torpilles durant la première semaine de janvier 1942, puis se termine au large de Gotenhafen par douze jours d'exercices tactiques. Mais arrivé à Stettin le 25 janvier, l'*U-172* est bloqué par la glace trop épaisse, l'équipage doit attendre le dégel pour repartir. Ce sera seulement le 15 avril 1942! De retour à Kiel, trois jours plus tard, le sous-marin est approvisionné en carburant, torpilles et nourriture ■

Cérémonie de mise en service de l'*U-172* le 5 novembre 1941, le commandant Emmermann fait son discours à l'équipage. UBA

Photo souvenir de la mise en service. Les officiers : à gauche, l'officier en 3e l'*Oberfähnrich-zur-See* Hermann Hoffmann, avec ceinture, de gauche à droite : l'ingénieur principal l'*Oberleutnant* Lothar Dick, le commandant Emmermann et l'officier en second l'*Oberleutnant-zur-See* Heinz-Günther Scholz. UBA

Exercice d'artillerie en mer Baltique avec le canon de 105 mm. UBA

L'hiver 1941 est très froid en mer Baltique. La glace recouvre le canon et le kiosque. UBA

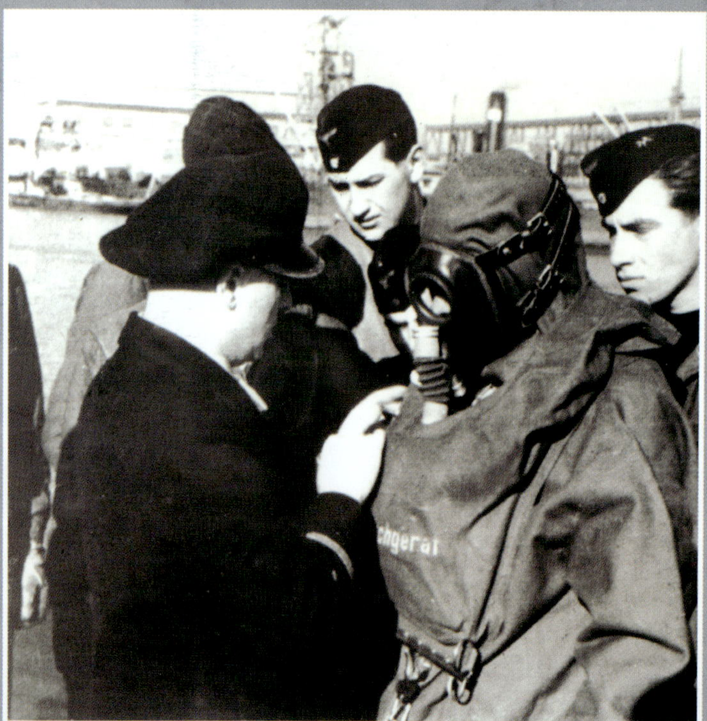

L'ingénieur principal Dick vérifie que l'appareil de plongée de bord porté par le mécanicien Heinz Holtzke soit bien installé. Il permettra d'aller faire des travaux lors des missions. UBA

Kiel, avril 1942, chargement des vivres à bord avant le départ pour Lorient. UBA

Préparation à un exercice d'artillerie. Dans le kiosque, le *IIWO* Hoffmann et l'*IWO* Scholz ; en bas de gauche à droite : Erich Schmidt, Nieser, Paul Laux, Moers et Lenz. Sur le devant du kiosque le coffret du récepteur Berta. UBA

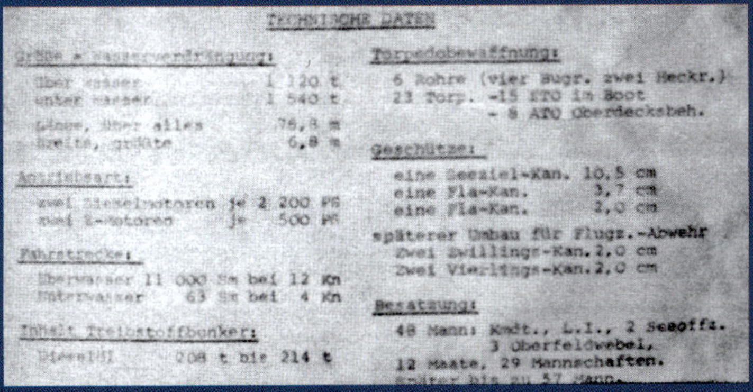

TECHNISCHE DATEN

Größe u. Wasserverdrängung:
über Wasser 1 120 t
unter Wasser 1 540 t
Länge, über alles 76,8 m
Breite, größte 6,8 m

Antriebsart:
zwei Dieselmotoren je 2 200 PS
zwei E-Motoren je 500 PS

Fahrstrecke:
Überwasser 11 000 Sm bei 12 Kn
Unterwasser 63 Sm bei 4 Kn

Inhalt Treibstoffbunker:
Dieselöl 208 t bis 214 t

Torpedobewaffnung:
6 Rohre (vier Bugr. zwei Heckr.)
23 Torp. -15 ETO im Boot
- 8 ATO Oberdecksbeh.

Geschütze:
eine Seeziel-Kan. 10,5 cm
eine Fla-Kan. 3,7 cm
eine Fla-Kan. 2,0 cm
späterer Umbau für Flugz.-Abwehr
Zwei Zwillings-Kan. 2,0 cm
Zwei Vierlings-Kan. 2,0 cm

Besatzung:
48 Mann: Kmdt., L.I., 2 Seeoffz.
3 Oberfeldwebel,
12 Maate, 29 Mannschaften.
später bis zu 57 Mann.

CARACTÈRISTQIUES TECHNIQUES DE L'U-172 :

- Déplacement sur l'eau : 1 120 tonnes, en immersion 1 540 tonnes
- Longueur 76,8 m, largeur maximum 6,8 m
- Deux moteurs diesel de chacun 2 200 CV, 2 moteurs électriques de chacun 500 CV
- Rayon d'action : 11 000 milles en surface à 12 nœuds, 63 milles en immersion à 4 nœuds
- Réservoirs de carburant de 208 à 214 tonnes
- 6 tubes lance-torpilles 4 à l'avant et 2 à l'arrière, 23 torpilles embarquées, 15 dans le sous-marin et 8 sous le pont
- Canons : un canon de 105 mm à but marin, 2 canons antiaériens de 20 et 37 mm au départ, puis fin 1943 2 canons doubles de 20 mm et un canon quadruple de 20 mm
- Équipage de départ 48 hommes, puis jusqu'à 57.

Le 22 avril 1942, jour de leur départ de Kiel, les quatre officiers de l'*U-172* signent le livre d'or de la 5e flottille d'entraînement. UBA

# PREMIÈRE PATROUILLE :
# TRANSFERT JUSQU'À LORIENT

La première mission semble assez simple mais n'est pas sans risques : l'*U-172* doit contourner les îles britanniques par le nord et l'ouest pour rallier le port de Lorient, siège de la 10e flottille à laquelle il va être rattaché. L'équipage d'Emmermann part de Kiel le **22 avril 1942** à 7 h, en même temps que l'*U-159* du commandant Helmut Witte, tous les deux avec la même destination. Les deux *U-Boote* traversent le Skagerrak, le détroit entre le nord du Danemark et le sud de la Norvège, en direction de Christiansand ; ils sont escortés en permanence par des navires de surface qui connaissent l'emplacement des champs de mines allemands interdisant l'intrusion de bâtiments britanniques vers les ports allemands de la Baltique ; ces bateaux sont aussi armés de nombreux canons antiaériens pour repousser une éventuelle attaque venant du ciel. Soudain le **23 avril** à 15 h 30, alerte ! Plongée à 50 m ! Le sous-marin fait surface à 16 h 05, sourire entendu du commandant, c'était un exercice... Le port de Christiansand est atteint le 23 avril à 19 h 10. Départ le lendemain à 11 h 01 vers l'ouest avec escorte jusqu'à 20 h 40, les deux *U-Boote* se séparent alors et font route isolément sur l'océan. Le **25 avril** à 11 h 54, nouvelle alerte ! L'*U-172* plonge, cette fois un veilleur dans le kiosque a aperçu un avion à environ 10 km ; surface à 12 h 53, la première menace a disparu. Pour que l'équipage s'habitue, le commandant ordonne une nouvelle plongée d'exercice à 20 h 26. Aux premières heures du **26 avril**, l'*U-172* situé dans le carré AF 7739 passe juste au nord des îles britanniques Féroé et Shetland. À partir de 5 h du matin, avancée en immersion à 60 mètres pour traverser ce secteur très dangereux. Remontée à profondeur périscopique à 8 h 45, l'océan est vide. À 11 h 05, le commandant aperçoit, au périscope, un chalutier au loin qui semble avoir été armé car des bruits d'Asdic sont entendus... le sous-marin fait demi-tour, la silhouette menaçante s'éloigne vers l'ouest puis disparaît. De 14 h à 14 h 22, surface pour ventiler le bâtiment, puis le submersible repart en immersion. À 16 h, il est constaté qu'en vitesse rapide l'arbre d'hélice tribord fait du bruit et vibre anormalement ; la réparation étant impossible avec les moyens du bord, un passage en bassin sera indispensable à Lorient. Le submersible remonte en surface à 20 h 47 pour continuer sa route sur les moteurs diesels durant l'obscurité et s'éloigner le plus vite possible du secteur, connu pour être survolé régulièrement par les avions britanniques.

Après une nuit tranquille, le 27 avril à 8 h 07, le timonier crie « alerte aérienne » ! Il se rue à l'intérieur, l'écoutille est fermée et le sous-marin part en plongée rapide ; le timonier explique qu'il a aperçu un bombardier bimoteur au 260 à altitude moyenne, à seulement 5 000 à 6 000 mètres. Soudain quatre explosions retentissent au-dessus du submersible descendu à 100 mètres, les bombes étaient vraisemblablement réglées pour se déclencher à une profondeur de 70 mètres. L'*U-172* est soumis à d'énormes secousses, le bruit est terrifiant, des fusibles explosent... Un bilan des avaries est ensuite dressé alors que le sous-marin avance doucement en restant à 100 mètres sous la surface : tous les manomètres de profondeur des compartiments avant et arrière sont hors service, ainsi que le baromètre, les cadrans de la distribution de soufflage et de mesure de la vitesse ; une fuite d'air provoque de la buée qui gêne la vision dans le périscope de combat, les jauges de batteries sont hors service et le système d'éclairage d'alerte clignotant est cassé... Lorsque l'*U-172* fait surface à 9 h 19, d'autres dégâts sont constatés à l'extérieur : le récepteur *Berta* sur le devant du kiosque est endommagé, la protection du compas magnétique a été déchirée par des éclats. Nouvelle alerte à 11 h ! Un avion est aperçu à 8 000 mètres venant du soleil ! Plongée à 100 mètres, apparemment ils n'ont pas été repérés cette fois. Surface à 13 h 05, et de nouveau alerte 35 minutes plus tard ! Un avion au 170, volant haut à environ 9 000 mètres. Cette fois, pour être sûr de ne subir aucun dommage en cas d'attaque, le commandant ordonne une descente à 120 mètres... Compte tenu de la forte présence aérienne britannique, il décide de continuer en immersion pour l'après-midi. Il sermonne ses hommes et leur explique que dorénavant tout avion devra être signalé à une distance minimum de 10 kilomètres, sinon ce sera sûrement trop tard pour tous... L'*U-172* fait surface à 19 h 48 et avance à vitesse rapide. Le contournement des îles britanniques et de l'Irlande par l'ouest se passe sans problème. Le 1er mai à 19 h 17, le radio signale au commandement de l'arme sous-marine que leur bâtiment se situe à 36 heures du point de rendez-vous avec l'escorte au large de Lorient. Après 2 596 miles en douze jours de traversée, l'*U-172* arrive dans son nouveau port d'attache le 3 mai à 9 h. L'*U-159* le suit de près, une demi-heure plus tard... En une semaine à Kéroman, l'*U-172* est vidé, réparé, et entièrement réarmé pour la prochaine mission. Un total de 22 torpilles est embarqué ■

**Page de gauche :** Des navires de surface escortent l'*U-159* et l'*U-172* jusqu'au port de Christiansand en Norvège. UBA

Une bière avant le départ, de gauche à droite, Carl Emmermann et son ingénieur principal, Wolf Henne, commandant de l'*U-157*, qui disparaitra avec tout son équipage dès le 13 juin 1942 et Helmut Witte de l'*U-159*, qui suivra un parcours assez similaire avec Emmermann. UBA

Le 26 avril, l'*U-172* avance en immersion au nord des îles Shetland, un secteur fortement surveillé par l'aviation britannique ; dans le central, le timonier Arthur Bonacker trace l'itinéraire à la table des cartes. UBA

Carte de la première patrouille de transfert de Kiel à Lorient. Réalisée par l'ancien membre d'équipage Heinz Trompelt en 1992. UBA

L'*IWO* Scholz dans le kiosque ; en cas d'alerte aérienne, une fois l'écoutille refermée, il faut 35 secondes au sous-marin pour disparaître de la surface. UBA

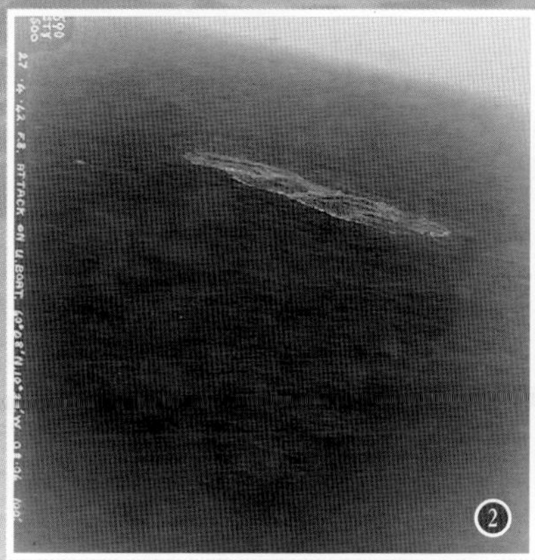

1. Le 27 avril 1942 à 8h07, l'*U-172* est repéré par un bimoteur *Hudson* qui plonge vers le sous-marin pour le bombarder. Alerte ! NA

2. Le *Hudson* du *500th Squadron* de la *RAF* a largué quatre bombes explosant au-dessus du submersible qui avait déjà atteint 100 mètres de profondeur ; très secoué, il subit des dégâts importants. NA

Le 3 mai 1942, l'*U-172* a retrouvé son escorte au large de Lorient. L'attaque aérienne du 27 avril a fait sauter le couvercle du récepteur Berta à l'avant du kiosque. UBA

Le commandant Emmermann a sermonné ses hommes ; dorénavant il faudra signaler tout avion approchant avant qu'il soit à 10 000 mètres du submersible. UBA

Helmut Witte de l'*U-159* et Carl Emmermann arrivent quasiment en même temps à Lorient le 3 mai 1942. Lors de leurs prochaines missions, ces deux commandants, qui se connaissent bien, se recroiseront régulièrement. La 10e Flottille à laquelle ils sont affectés, créée à Lorient le 15 janvier 1942, dispose de sous-marins de types IX. LB

Aussitôt après son arrivée à Lorient, l'*U-172* est stationné sur la rivière du Scorff où les conserves inutilisées sont sorties. Pendant leur escale, les équipages sont logés au centre-ville dans la « Hundius Caserne », ce qui leur permet de profiter le soir des nombreux bars implantés à proximité... UBA

Une margueritte, l'emblème de l'*U-124*. UBA

À gauche, l'*U-124* qui va partir en opération le 4 mai. Durant son escale à Lorient, la coque de l'*U-172* va également recevoir une peinture gris clair. UBA

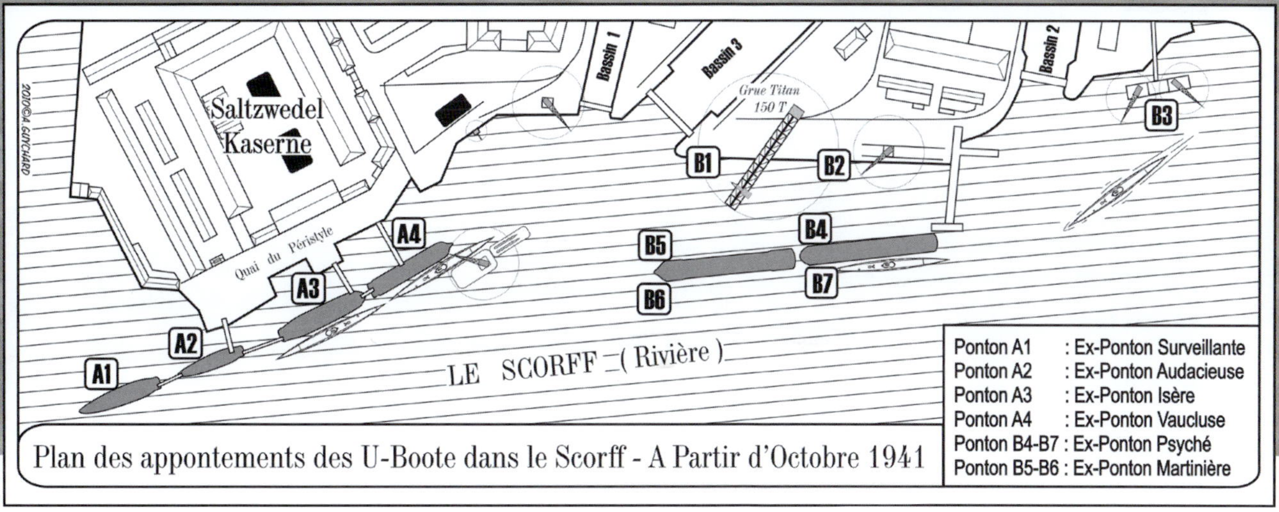


Plan des appontements des U-Boote dans le Scorff - A Partir d'Octobre 1941

# DEUXIÈME PATROUILLE : EN MER DES CARAÏBES

L'*U-172* quitte Lorient le **11 mai 1942** à 20 h, mais seulement 1 h 46 plus tard le gyrocompas tombe en panne. L'équipage doit faire demi-tour pour le changer, il ne repart en opération que le lendemain à 19 h 54. Pour éviter de traverser le dangereux Golfe de Gascogne en surface de jour, le submersible part en plongée à l'aube à 50 mètres de profondeur et fait surface dans l'obscurité vers 21 h 30. Cette procédure se répète jusqu'au 14 mai. Mais, lors des trajets en immersion, les pannes s'enchaînent… des avaries déclarées à l'alimentation du ventilateur et au niveau du moteur électrique tribord sont réparées par l'équipage ; mais ces pannes à répétition ne sont pas bonnes pour le moral des hommes.

À partir du **15 mai**, afin d'économiser le carburant, l'*U-172* poursuit sa route vers l'ouest en surface à une vitesse de 8 nœuds en faisant marcher un moteur Diesel couplé à un moteur électrique. Il parcourt ainsi quotidiennement environ 125 miles. Le **18 mai** à minuit, le commandant révèle à l'équipage la destination que lui seul connaît : la mer des Caraïbes. À 20 h 44, dans le carré CE 3954 au nord des Açores, un cargo est aperçu au 225. Le navire marchand, estimé à 5 000 tonnes, zigzague mais la distance entre les deux bâtiments se réduit… L'*U-172* plonge à 21 h 03 pour attaquer, mais un problème technique avec l'un des gouvernails de plongée avant empêche le sous-marin de se mettre en position de tir, le bateau passe à 3500 mètres à une vitesse de 15 nœuds. Le commandant ordonne de faire surface à 22 h 47. Devant économiser le carburant, il estime impossible de rattraper le cargo avant la levée du jour. Il note dans le journal de bord « *La première chance a disparu* ». L'équipage serait-il victime du mauvais sort ? Le gouvernail de plongée est réparé le lendemain matin, l'*U-172* continue vers le sud-ouest, les îles des Açores sont observées au loin. Le **21 mai**, en début de soirée, deux cargos isolés sont aperçus ; tandis que le sous-marin se rapproche de l'un d'entre eux, le radio demande à 22 h 20 au *BdU* l'autorisation d'attaquer ; le commandant pense que les bateaux se dirigent vers le lieu de rassemblement d'un convoi. Le *BdU* lui interdit d'attaquer dans ce secteur, en raison de l'ordre d'opération n° 50 ; au même moment le bateau observé allume tous ses feux, l'équipage s'aperçoit qu'il s'agit d'un bateau neutre aux couleurs portugaises ; le *Luango*, parti de New York en direction de Ponta Delgada. Il peut continuer sa route librement. La monotonie de la traversée de l'Atlantique est rompue par la pêche d'une tortue préparée en soupe et par des exercices d'alertes et des tirs d'essai avec les deux canons de pont, le 105 mm à l'avant et le 37 mm à l'arrière…

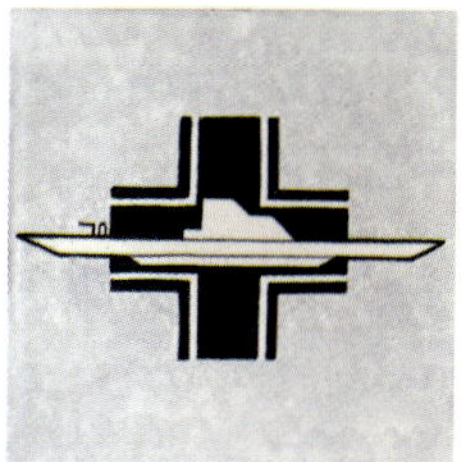

L'emblème de la 10e Flottille : un sous-marin au milieu d'une croix noire ; le chiffre 10 apparait à gauche, à l'avant du kiosque, avec un O ajouté au canon de pont. UBA

Fraichement repeint, l'*U-172* quitte Lorient le 11 mai 1942 pour sa première vraie mission de combat. L'emblème de la 10e Flottille, créé par son chef le *Kapitänleutnant* Günter Kuhnke, a été ajouté de chaque côté du kiosque. UBA

Carte générale de la seconde mission, surnommée par l'équipage « la patrouille des Caraïbes ». Deux bateaux ont aussi été coulés par l'*U-172* au milieu de l'Atlantique, un à l'aller et l'autre au retour.

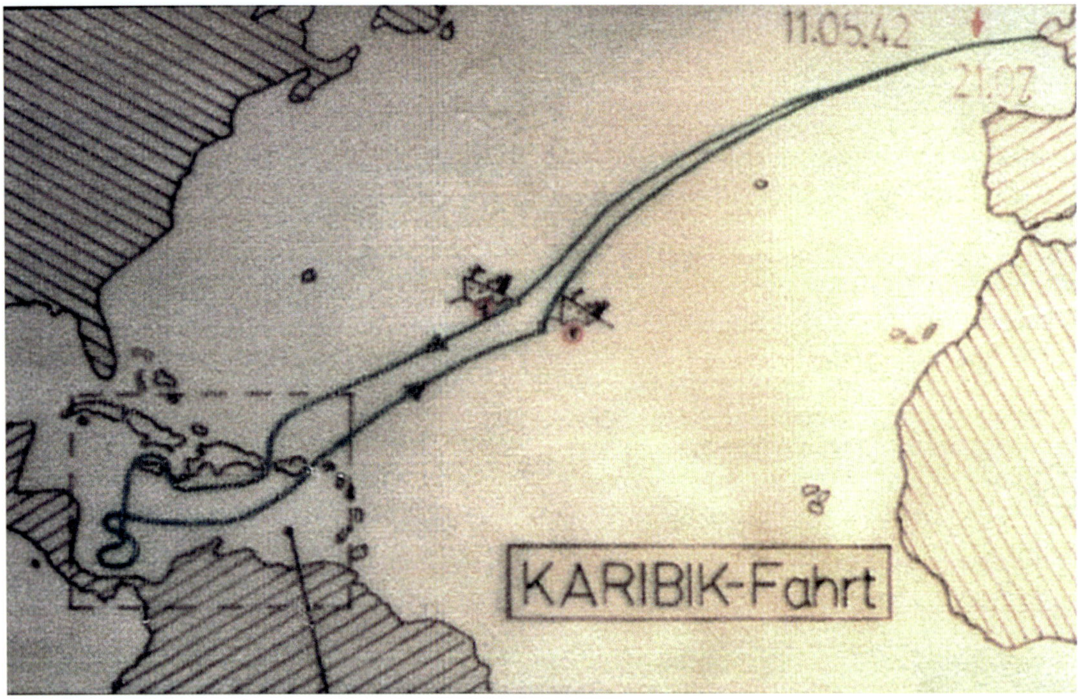


Le **26 mai** à 20 h, l'*U-172* est arrivé dans le carré DF 7443, en plein milieu de l'Atlantique. Les veilleurs aperçoivent, deux heures trente plus tard, les hauts des deux mâts d'un navire. Il avance en zigzaguant au 260, à une vitesse de 12 nœuds. La lune éclairant la nuit, le commandant décide d'attaquer en surface mais pas trop près... Il songe à cet instant, après tant d'années de formation, où il va pouvoir tirer ses premières torpilles contre une cible réelle. Après s'être approché à environ 2 500 mètres, à 2 h 58 le sous-marin tire simultanément deux torpilles, réglées à une profondeur de 3 mètres, sur l'avant et l'arrière de l'objectif. Manqué ! Apparemment sa vitesse est inférieure à 12 nœuds. Une 3e torpille est lancée à 3 h 19, cette fois, après 66 secondes, elle explose en plein milieu ! Le navire stoppe et prend un peu de gîte. S'étant placé sur son avant pour éviter la réplique des deux canons situés à l'arrière du bateau, le sous-marin ouvre le feu avec son canon de 105 mm, à une distance de 350 mètres. Après les premières explosions, l'équipage du pétrolier embarque dans des canots de sauvetage. Le tanker brûle doucement, l'équipage du sous-marin attend qu'il coule. Interrogé dans son canot, le capitaine du pétrolier britannique *Atheknight* de 8 940 tonnes explique à Emmermann qu'il naviguait au ballast : parti de Liverpool sans cargaison, il devait aller chercher du carburant à Trinidad. Les canots de sauvetage semblent très bien équipés, la direction des Açores leur est indiquée par les sous-mariniers. À 8 h du matin, le tanker fume toujours mais ne s'enfonce pas davantage. Le commandant décide finalement de tirer une 4e torpille pour l'envoyer par le fond, elle explose à 10 h 27 dans la salle des machines, le pétrolier coule rapidement par l'arrière. Aux premières heures du lendemain, deux torpilles stockées sous le pont avant sont sorties et glissées à l'intérieur, une manœuvre longue et pénible. Alors que le sous-marin se trouve dans le carré DQ 2527, des mâts sont aperçus à 16 h 15. Mais, en raison d'un problème au moteur Diesel bâbord, l'*U-172* ne peut dépasser les 15 nœuds qui est également la vitesse estimée du cargo ; la poursuite est abandonnée à 19 h 45.

Veille dans le kiosque, un premier bateau est découvert le 19 mai au nord des Açores. UBA

Après quatre jours de navigation, l'*U-172* est arrivé au nord-est des Antilles, secteur où un trafic plus important est espéré. Déjà le **2 juin** à 6 h 32 dans le carré DO 9659, la silhouette de la proue d'un navire est aperçue à 174°. Une première torpille est lancée par le sous-marin à 7 h 13 vers l'objectif estimé à 1 000 mètres.

Le pétrolier britannique *Athelknight* a été torpillé aux premières heures du 27 mai puis visé par des obus. Mais le jour s'est levé et il n'a toujours pas coulé. UBA

Une torpille est tirée par le tube arrière V sur l'*Athelknight*, elle explose dans la salle des machines au bout de 71 secondes. UBA

L'*Athelknight* coule par l'arrière. Ce premier succès est très important pour le moral de l'équipage, il brise le cycle de malchance connu jusqu'alors et laisse entrevoir davantage de réussite pour la suite de la patrouille ; la confiance dans les capacités du commandant augmente également. Les 43 survivants du pétrolier, qui comptait 52 membres d'équipage, seront retrouvés quatre semaines plus tard. UBA

Fin mai 1942, avant de pénétrer en mer des Caraïbes, le commandant autorise ses hommes à prendre une douche sur le pont arrière, grâce à un tuyau percé fixé sur l'arrière du bastingage de la baignoire. Avec des jumelles, l'équipe de veille surveille tous azimuts. UBA

Le navire vire soudain de bord, la torpille manque sa cible, comme la seconde lancée trois minutes plus tard. Aussitôt après les tirs, le moteur diesel bâbord tombe en panne ; avec une vitesse maximum de 12 nœuds, le submersible doit encore laisser filer ce bateau dont la vitesse est estimée à 14 nœuds. Les tubes I et IV sont rechargés. Dès le 2 juin à 13 h 45, nouveau vapeur en vue. En poussant le moteur Diesel tribord couplé avec le moteur électrique bâbord, le sous-marin atteint 12,5 nœuds, c'est encore insuffisant pour le remonter et se mettre en position de tir. Après des heures d'effort des mécaniciens Diesel, le moteur bâbord est enfin réparé à 20 h ; il tourne comme une horloge à 220 tours minute, ce qui permet au submersible d'atteindre 14,5 nœuds. Aux premières heures du **3 juin**, l'*U-172* est arrivé au nord-est du passage de Mona. Un vapeur passe devant lui comme à l'exercice. Estimé à 5 000 tonnes, il est lourdement chargé et ne porte aucun signe de neutralité... Une torpille réglée à 4 mètres de profondeur est tirée en surface à 0 h 19. Au bout de 57 secondes, le bruit de l'impact est entendu sur la coque mais aucune explosion ! Le bateau continue sa route comme avant... Le détonateur de la torpille devait être défectueux. Le tube I est rechargé tandis que le sous-marin avance pour se remettre en position de tir. Une seconde torpille est lancée à 4 h 10, cette fois réglée à 3 mètres. Tirée à une distance de 400 mètres seulement, au bout d'une course de 21 secondes, elle explose au centre du bateau dans la salle des machines. L'équipage entend l'explosion de la chaudière, en 30 secondes le vapeur a disparu. Le radio signalera la destruction d'un vapeur de 5 000 tonnes, sans plus d'information ; il s'agissait du navire marchand américain *City of Alma* de 5 446 tonnes ; venant de Bombay avec une cargaison de 7 400 tonnes de manganèse, il devait se rendre à Baltimore ; sur 39 membres d'équipage, seuls 10 survivront au naufrage très rapide. Dans l'après-midi, quatre torpilles stockées sous le pont supérieur sont transférées à l'intérieur.

Le **4 juin** à 22 h 22, alerte aérienne, bombardier repéré à une altitude d'environ 9 000 mètres ! Le sous-marin s'échappe en plongeant à 80 mètres. Surface à 23 h 08. Deux minutes plus tard, les fumées d'un bateau sont aperçues au 205, malgré la nuit noire. Après plusieurs heures d'approche, le lendemain à 3 h 22, une torpille est tirée depuis le tube IV, à une distance de 500 m. Encore défectueuse, elle produit après seulement 20 mètres une nuée de bulles et plonge vers le fond... Une seconde torpille est préparée au lancement dans le tube I, mais au cri de « *Torpedo Los* » à 4 h 13 elle reste coincée dans son tube ! Le submersible se replace sur tribord, une troisième torpille est lancée du tube III à 5 h 07, à une distance de 600 mètres. Dans le kiosque, l'équipage la suit anxieusement des yeux... Elle percute la coque du bateau mais rien ne se passe ! Encore un détonateur défectueux... Décidément, le sort s'acharne sur l'équipage. À 6 h 08, une 4e torpille est tirée par l'arrière depuis le tube V, à seulement 400 mètres de distance. Cette fois, au bout de 28 secondes, elle explose au centre du cargo. La confiance revient avec ce 3e succès. Le radio du sous-marin entend sur la bande des 600 mètres que le cargo envoie un message signalant la présence du *U-Boot* et s'identifiant : « *Vapeur américain Delfina, 3 500 tonnes.* ». Vingt minutes plus tard, le bateau qui transportait du sucre à destination de Charleston a disparu, laissant 27 survivants sur 31 membres d'équipage. Probablement à cause de l'alerte sous-marin émise par le bateau, durant la nuit et le jour suivant, l'*U-172* doit plonger à cinq reprises suite à l'apparition d'un avion dont le plus proche n'est aperçu qu'à seulement 7 000 mètres ; le sous-marin n'est cependant pas bombardé. Le 6 juin en fin d'après-midi, un petit convoi de trois à quatre vapeurs est découvert à environ 8 kilomètres, protégé par un ou deux destroyers visibles. La nuit allant tomber dans les 45 minutes, le commandant se met en position pour tirer une salve de torpilles en éventail... Mais le convoi vire vers le nord tandis qu'un orage tropical réduit la visibilité à 100 mètres maximum ; les navires sont perdus de vue mais leur présence est néanmoins signalée par radio. À 21 h 50, des canots de sauvetage sont aperçus au 270, d'autres *U-Boote* sont donc actifs dans les parages...

Le **7 juin** 1942, l'*U-172* a atteint le carré EC 3938 et pénètre dans la mer des Caraïbes où le commandant était déjà venu comme cadet sept ans plus tôt. Le 8 juin à 0 h 49, à 10 miles au sud de la République Dominicaine, un vapeur est aperçu naviguant à environ 12 nœuds. L'*U-172* s'est placé en position, une torpille est lancée à 4 h 58 ; au bout de 22 secondes, soit 440 m, elle explose à l'arrière du bateau qui coule rapidement. Les rescapés sont interrogés dans leurs canots, mais le capitaine n'est pas découvert. Il s'agissait du vapeur américain « *Sicilien* » de 1 654 tonnes, allant de La Nouvelle-Orléans à Puerto-Rico pour le compte de l'*US Army Transport Service* transportant notamment de la nourriture et de la bière. Avançant toujours vers l'ouest, l'*U-172* se tient à l'écart des côtes pendant la journée, et s'en approche à la tombée de la nuit. Arrivé le **9 juin** au sud d'Haïti, les dernières torpilles de réserve stockées sous le pont supérieur sont glissées à l'intérieur du submersible. Les hommes ne sont pas habitués au climat chaud et humide ; la température peut atteindre 50 à 60° dans le compartiment Diesel... Chacun sue terriblement bien que la tenue se limite bien souvent au maillot de bain. Les veilleurs de l'*U-172* continuent de scruter l'horizon. Le **13 juin**, passage à l'ouest de la Jamaïque. Soudain le **14 juin** à 1 h 40 du matin, vapeur en vue au 150 ! Il avance à environ 12 nœuds en zigzaguant... Les tubes lance-torpilles II et IV sont parés, ordre de lancement pour un tir simultané à 4 h 03... une torpille quitte son tube mais, au bout de 80 mètres change de cap toute seule et se perd tandis que l'autre n'est pas sortie ! Le sous-marin manœuvre à nouveau, à 7 h 43, tir double des

Les tubes lance-torpilles vides sont rechargés, ce qui libère de la place. UBA

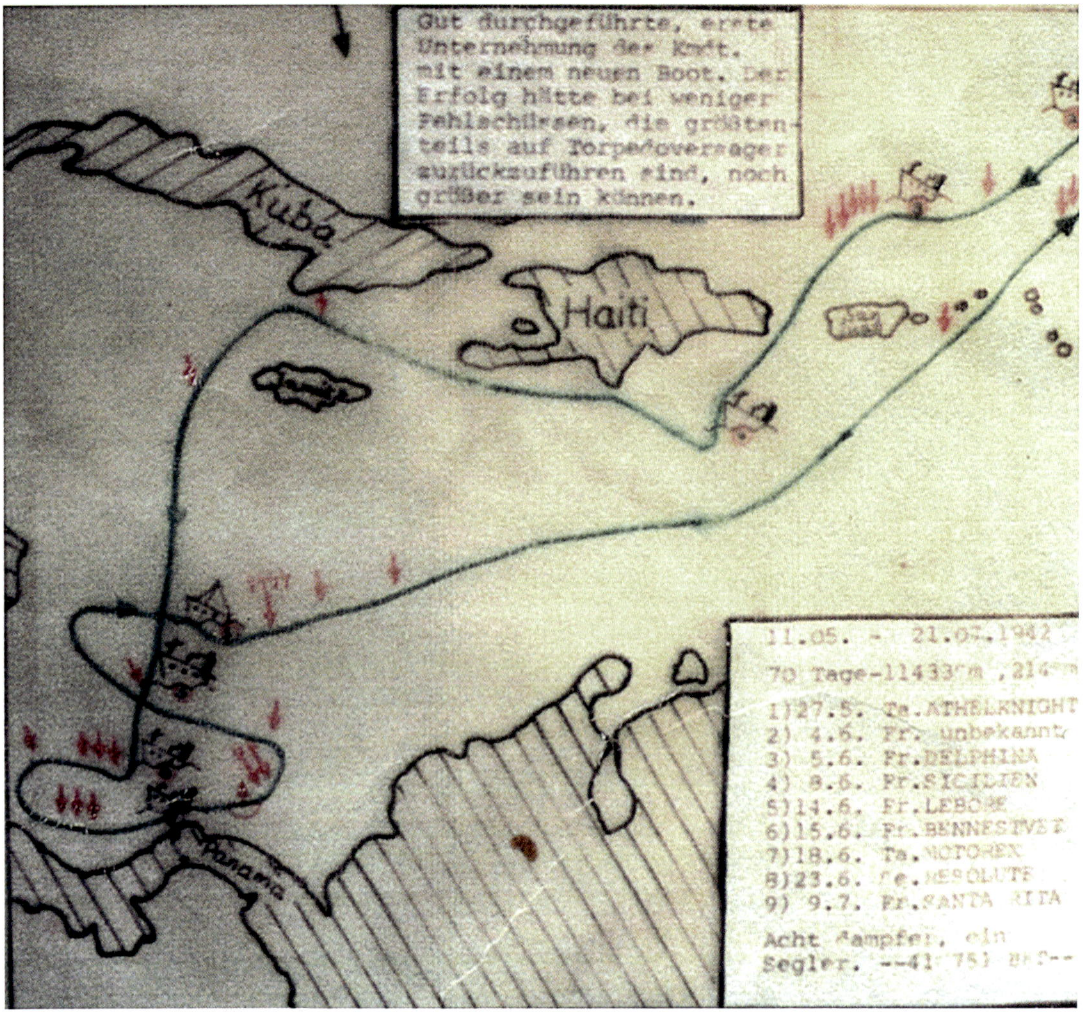


Carte du trajet de l'*U-172* dans les Caraïbes. Coll. Heinz Trompelt/UBA

tubes I et III vers l'objectif situé à 800 mètres, mais, à nouveau défectueuses, les deux torpilles se perdent vers le fond... L'équipage comptabilise que six « anguilles » n'ont jusqu'à présent pas fonctionné... Un 5e tir est réalisé à partir du tube arrière n° V à 8 h 54, créant une explosion sur la coque après 40 secondes. Aussitôt des canots de sauvetage sont descendus, le radio capte un message d'alerte sous-marin lancé à partir du bateau qui s'identifie « *Vapeur Lebore de 8 289 tonnes, au ballast, allant de Baltimore à Colon* ». Une 6e torpille est lancée du tube II à 9 h 18, elle explose au niveau de la salle des machines ; le bateau s'enfonce par l'arrière mais ne coule toujours pas. Plusieurs obus de 105 mm sont alors tirés, le navire prend plus de gîte sans toutefois couler. Le commandant juge qu'une 7e torpille est nécessaire, réglée à 5 mètres cette fois ; après son explosion à 10 h 39, le *Lebore* s'enfonce encore davantage par l'arrière. À 12 h 11, les artilleurs recommencent à tirer dans la coque au canon de 105 mm ; après douze coups, le bateau coule finalement à 12 h 35. En réalité, contrairement à ce qui était annoncé dans son message radio, il n'était pas vide mais contenait une cargaison de 10 145 tonnes de charbon, ce qui explique certainement pourquoi il était aussi difficile à couler. En plus de son équipage, ce bateau avait récupéré les hommes d'un navire torpillé le 11 juin par l'*U-504*. C'est le 5e bateau coulé par les hommes du *U-172*, ils savent qu'ils seront considérés comme un équipage victorieux lors de leur retour.

Après deux alertes aériennes, les veilleurs du *U-172* découvrent les fumées d'un bateau le 15 **juin** à 16 h 24. Le sous-marin plonge à 18 h 48, pour sa première attaque en immersion. Le commandant suit la silhouette du bateau au périscope de combat ; à 20 h, il donne l'ordre de tirer une torpille vers la cible située à seulement 600 mètres. Au bout de 51 secondes, soit une course de 765 mètres, elle explose dans la salle des machines derrière la cheminée. Le bateau se casse en deux et coule en deux minutes. La moitié de son équipage seulement a pu sauter par-dessus bord et prendre place à bord de deux radeaux. L'*U-172* fait surface et s'approche. Du pain est donné aux naufragés qui révèlent le nom de leur bateau, le vapeur norvégien « *Bennestvet* » de 2 438 tonnes. Ils déclarent qu'ils transportaient une cargaison variée et des fûts d'essence ; en réalité les cales étaient remplies, en plus de l'essence, de camions et de chars. Le **16 juin**, l'*U-172* s'approche de

Puerto-Limon, seulement inquiété par une alerte aérienne à 22 h 10. Tôt le lendemain matin, le sous-marin s'approche doucement en surface jusqu'à 1 mile seulement du port ! La rade est vide... Dans l'après-midi, le submersible fait toujours route vers l'ouest, en direction du port de Colon. La traversée est ralentie par deux alertes aériennes, puis à 20 h 32 les fumées d'un navire sont aperçues. Avançant à 8 nœuds environ, il est suivi par le sous-marin pendant plusieurs heures. Placé en position d'attaque, à 3 h 56, l'*U-172* tire une torpille à seulement 500 mètres de distance. Ayant dû la repérer, le navire manœuvre et la torpille passe juste derrière lui. Le commandant ordonne de passer en vitesse rapide pour se replacer sur bâbord. Mais maintenant le navire zigzague violemment, jusque 120°. Estimant qu'un tir de torpille aurait peu de chance de réussir, Emmermann ordonne aux artilleurs de se tenir prêts ! À partir de 5 h du matin, les obus filent en direction du pétrolier situé à environ 3 500 mètres. Après le premier tir réussi sur le pont, l'équipage abandonne le navire. En 40 coups, le pétrolier est en feu. Le sous-marin s'approche des canots de sauvetage, les 20 rescapés apprennent aux sous-mariniers qu'ils naviguaient sur le pétrolier américain « *Motorex* » de 1 958 tonnes, propriété du Ministère de la Guerre (MoWT), transportant 20 000 barils de carburant Diesel. C'est le 7e bateau coulé par l'*U-172* durant cette mission.

À 16 h, un message radio du *BdU* demande à Emmermann de rendre compte de sa situation. Il est vrai qu'aucun message n'a été envoyé par le sous-marin depuis sept jours ; c'est volontaire ! Dans le journal de bord, le commandant note en effet qu'il ne fera envoyer aucun message aujourd'hui, afin de ne pas risquer de dévoiler trop tôt sa position à l'Est de Colon. La nuit suivante, de 22 h 34 à 1 h 37 le **19 juin**, est marquée par la surveillance à distance d'un destroyer à quatre cheminées, mais la mince silhouette du kiosque du sous-marin n'a visiblement pas été repérée... L'*U-172* se dirige vers le nord pour régler tranquillement des avaries au moteur des gouvernails de plongée arrière et au compresseur d'air. Un compte-rendu est envoyé par radio le **20 juin** à 1 h 40 signalant les bateaux coulés, le stock de deux torpilles restantes et le trafic aperçu. Les avaries sont réparées dans la journée avec les moyens du bord. En quatre jours, aucun bateau n'est aperçu dans le secteur ; le **23 juin** à 2 h 42, Emmermann fait envoyer un message signalant que la visibilité s'est dégradée avec le mauvais temps, que le stock de carburant est de 100 m$^3$ et qu'il n'a plus que deux torpilles, et demande l'autorisation de rentrer. Soudain à 17 h 10, dans le carré EB 8226, un voilier à deux mâts est en vue. L'*U-172* s'approche de lui en surface, il ne porte pas de signe de neutralité ou de pavillon. Après quelques tirs depuis le canon antiaérien de 20 mm, un drapeau est hissé sur le voilier, qui n'est cependant pas identifié, et il émet sur la bande des 600 mètres. L'équipage semble avoir disparu. Le voilier est estimé à environ 50 tonnes. Deux personnes nagent dans l'eau, le drapeau est délavé, peut-être l'Équateur ou le Venezuela. Des grenades à manche sont jetées vers le voilier qui coule aussitôt. Entre-temps 6 à 8 hommes, qui devaient se cacher sous le pont, ont sauté à l'eau. Il s'agissait du voilier colombien *Resolute* de 35 tonnes qui comptera 6 morts et 4 survivants. L'*U-172* continue sa route. À 18 h 57, alerte aérienne ! Cette fois, il s'agit d'un hydravion qui a surgi de la brume à seulement 4 000 ou 5 000 mètres... Il largue quatre bombes qui explosent, deux en touchant l'eau, les deux suivantes au-dessus du sous-marin alors en plongée entre 40 et 60 mètres de profondeur, sans toutefois causer de dégâts. Après une nouvelle alerte aérienne le **24 juin** à 1 h 37, l'autorisation de retour est accordée par le *BdU* ; le commandant transmet la bonne nouvelle à l'équipage. La traversée de la mer des Caraïbes dure 9 jours avec encore de multiples alertes aériennes. Le **3 juillet** à 12 h 52, arrivé dans le carré DO 9718, au niveau du passage d'Anegada qui mène dans l'Atlantique, nouvelle alerte aérienne ! L'avion qui avait repéré le submersible en surface, largue deux bombes mais l'*U-172* a eu le temps de descendre à 80 mètres. Encore deux alertes avant de rejoindre l'Atlantique, puis marche au Diesel-électrique pour économiser le carburant. ▶ *suite p. 41*

Les veilleurs ont découvert deux nouveaux navires le 28 mai et le 2 juin, qui ont pu s'échapper à cause d'une avarie du moteur diesel bâbord du sous-marin. UBA

L'*U-172* est entré en mer des Caraïbes où le vapeur *sicilien* a été coulé le 8 juin; les dernières torpilles de réserve, stockées sous le pont supérieur, sont sorties le lendemain. UBA

La torpille est glissée dans l'écoutille oblique du pont avant. UBA

Dans le compartiment avant, manipulation d'une torpille G7a. UBA

Surveillance maximum pendant l'opération, le matelot Bernhard Krüger, réputé pour ses yeux perçants, est monté sur le mât. UBA

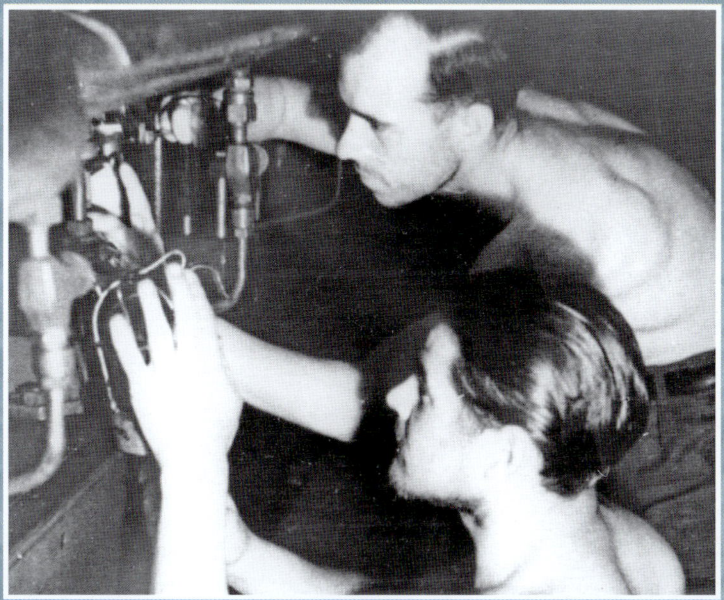

Le mécanicien Max Schubert travaille sur le moteur diesel défectueux. Il sera totalement réparé le 2 juin au soir, l'*U-172* pourra atteindre une vitesse de 14,5 nœuds en surface. UBA

Après avoir coulé le cargo *City of Alma* le 3 juin, le lendemain soir, l'*U-172* plonge à 80 mètres suite à une alerte aérienne. L'aspirant en stage Herbert Rathjen est à la manœuvre à la barre de plongée, sous la surveillance de l'officier marinier Erich Schmidt. UBA

Le 3e bateau coulé le 5 juin au matin a pu émettre une alerte « sous-marin » par radio. Pendant deux jours, l'*U-172* doit plonger à cinq reprises, suite à l'arrivée d'un avion, mais n'est pas attaqué. Le commandant Emmermann se réjouit que les pilotes américains ne soient pas encore autant entraînés que les Britanniques. UBA

L'emblème métallique porté sur le calot des membres d'équipage de l'*U-172*. UBA

Veille dans les Caraïbes ; à cause de la chaleur le matelot Lenz s'est mis torse nu. UBA

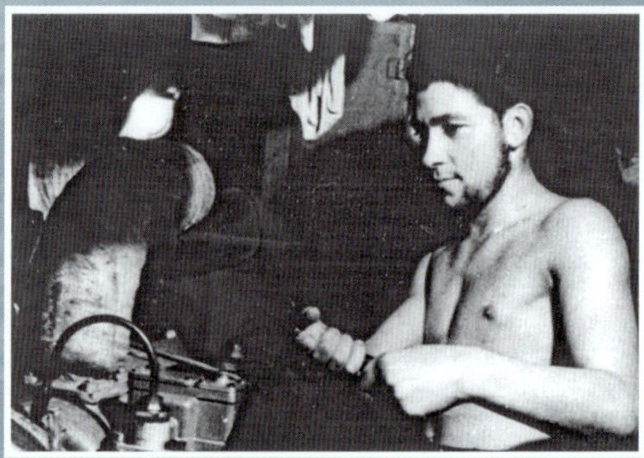

Des avaries au compresseur d'air sont réparées le 19 juin. UBA

Un 5e bateau est noté comme coulé le 14 juin, puis un 6e le lendemain. Subir un torpillage est quelque chose de terrible, les chances de survie des rescapés sont cependant largement supérieures dans la mer des Caraïbes que dans le centre de l'Atlantique Nord. UBA

Plus l'*U-172* avance vers l'Ouest en direction du port de Colon au Panama, plus les alertes aériennes sont nombreuses. UBA

Avec le climat tropical, chaque officier a remplacé sa casquette réglementaire par un chapeau de son choix... Le jeune officier en 3ᵉ, Hermann Hoffmann, a fêté ses 21 ans le 27 avril, juste avant le départ en opération. UBA

Permutation des réservoirs le 8 juillet par le mécanicien Walter Gerke et le *LI* Dick. UBA

La silhouette du 7ᵉ bateau coulé au canon le 18 juin, le pétrolier américain *Motorex*, est peinte sur le tube de 105 mm. UBA

Emmermann interroge les rescapés du *Santa Rita* et fait monter à bord son capitaine. Il lui demande s'il a un souhait avant d'ordonner la destruction de son navire : Henry Stephenson demande qu'on lui apporte la boîte de cigares qui se trouve dans sa cabine ; à côté se trouve un beau chronomètre, ce sera la récompense d'Emmermann. Dans ses mémoires, Herbert Plottke précise que le sort des naufragés ne les laissait pas indifférents, ils avaient de la compassion pour eux. Des discussions avaient souvent lieu sur leur sort, et sur ce qui arriverait à l'équipage si leur propre submersible était coulé dans l'Atlantique. Qui survivrait dans ce cas, personne ne le savait. UBA

Un commando de cinq hommes part en dinghy vers le *Santa Rita* pour poser des charges d'explosifs, l'*U-172* n'ayant plus aucune torpille disponible ! UBA

Sur la route du retour le 9 juillet, l'*U-172* torpille le cargo américain *Santa Rita*. Construit en 1941, ce cargo moderne pouvait atteindre 17,5 nœuds ! Il était armé d'un canon de 150 mm sur l'arrière et de quatre mitrailleuses servis par neuf soldats, avec un pont blindé. Parti d'Égypte, il s'est arrêté au Cap en Afrique du Sud et devait rallier Charleston. L'*U-172* a fait surface une fois son équipage embarqué dans des canots de sauvetage. UBA

Pendant que les charges sont placées, deux membres d'équipage rapportent des cartes stratégiques ainsi que de la nourriture et des bibelots trouvés à bord. UBA

L'officier en 3e Hoffmann a changé de coiffure grâce aux prises sur le *Santa Rita* ! UBA

Les onze jours de traversée de l'Atlantique se passent sans histoire, le mécanicien Max Peters et l'ingénieur principal Dick, dont les barbes ont bien poussé, sortent à l'air libre, profiter d'une pause cigarette. UBA

Les risques étant très limités au centre de l'Atlantique en juillet 1942, les membres d'équipage sont autorisés à descendre sur le pont pour prendre le soleil. UBA

Henry Stephenson, l'ancien commandant du *Santa Rita*, discute avec Emmermann. Il accédera à une certaine notoriété comme étant le premier officier de la marine marchande américaine fait prisonnier par un *U-Boot* ! LB

Le prisonnier fait sa promenade sur le pont avant l'arrivée à Lorient. LB

L'*U-172* suit le sillage d'un dragueur de mines pour rejoindre le port, les tenues réglementaires ont été enfilées pour l'arrivée. UBA

Remise de décorations au centre de la *Hundius Caserne*, lieu d'hébergement de l'équipage. Sous le regard d'Emmermann, le chef de la 10ᵉ flottille Günther Kuhnke serre la main des récipiendaires. L'équipage à partir du fond : *IWO, 2WO, LI, OMasch* Schubert, le timonier Karl Duwe (serrant la main du chef de flottille), Erich Matuszak, Gieseler, Staufer et le radio Hans Fuhrmann.

Henry Stephenson, le capitaine du *Santa Rita*, va partir en captivité en Allemagne. Il sera rapatrié aux USA par un échange de la Croix-Rouge le 21 février 1945. Il deviendra ami avec Emmermann après-guerre, qui lui rendra visite aux USA. UBA

Neuf fanions sont rapportés de la première mission de combat, totalisant 41 751 tonnes de bateaux coulés, très proche de la réalité de 40 619 tonnes. UBA

Retour sains et saufs… De gauche à droite, en haut : X, Moers, Josef Wieser, X, Helmut Gorny, Will, Staufer, en bas : Erhard Kernbach et Otto Pawel. UBA

Arrivée devant l'ancienne citadelle de Port-Louis. UBA

Au niveau du commandement de l'arme sous-marine, cette première mission de combat du commandant Emmermann est jugée comme étant très réussie ; elle aurait pu l'être davantage sans les avaries et surtout les six torpilles défectueuses. UBA

Pour la cérémonie d'accueil, l'*U-172* arrive dans le Scorff pour s'amarrer face à l'ancienne caserne de la marine française, rebaptisée *Saltzwedel Caserne*. BA

Après le cérémonial, vient le moment de la détente pour l'équipage ! Les hommes vont partir en permission en deux tours et emporter, comme cadeau dans leur famille, ce qu'ils ont gagné à la tombola ; ceux qui restent doivent assister les ouvriers spécialisés des chantiers navals à bord. En quatre semaines à Lorient, l'*U-172* va être remis à neuf. Le 23 juillet 1942, il est hissé au sec dans la base de Kéroman ; le compresseur d'air défectueux est changé. Il sort de carénage le 8 août, perçoit torpilles et munitions avant une sortie d'essai. Puis, du 13 au 15 août, les conserves sont montées à bord et le carburant vient remplir les soutes. La nourriture fraîche est chargée à bord les 17-18 août. Coll. Andreas Dwulecki

Le **9 juillet** en début d'après-midi, les mâts d'un bateau sont aperçus dans le carré DP 2367. L'approche est faite en immersion ; à 16 h 20, tir simultané des deux dernières torpilles vers l'objectif estimé à 800 mètres. La première explose au centre dans la salle des machines, la seconde manque sa cible. Le bateau perd aussitôt de la vitesse, l'équipage descend dans les canots de sauvetage, certainement pressé de quitter le navire avant une éventuelle nouvelle explosion, le périscope du sous-marin étant visible à proximité. Mais l'*U-172* n'a plus de torpille, à 16 h 45 il fait surface ; trois obus de 105 mm sont tirés vers le bateau pour empêcher l'équipage de rembarquer. Les survivants sont interrogés, le bateau est l'américain « *Santa Rita* », de 8 379 tonnes. Dans ses cales, 5 000 tonnes de barres de chrome, une cargaison variée et deux chars allemands capturés en Afrique du Nord ! Le capitaine Henry Stephenson est pris à bord comme prisonnier, selon la directive allemande destinée à priver la marine marchande alliée de ses capitaines. À 17 h, un commando constitué de l'officier en 3^e^ Hermann Hoffmann, de deux officiers mariniers et de deux marins monte à bord à partir d'un dinghy. Le bateau est fouillé ; en deux voyages, tout un lot de documents secrets et stratégiques est transporté sur l'*U-172*, notamment les cartes de minage autour du Cap, ainsi que de la nourriture, des affaires de toilette et des bibelots trouvés dans les cabines. Des explosifs sont ensuite montés à bord du bateau qui coule à 20 h 30. En onze jours, le sous-marin traverse l'Atlantique et le Golfe de Gascogne sans souci. La traversée est égayée par une tombola réalisée avec les objets récupérés à bord du bateau, chacun gagne un lot ! L'*U-172* arrive à Lorient le **21 juillet** à 16 h, avec neuf fanions flottant au périscope. Le bilan annoncé est de huit cargos et un voilier coulés pour 41 751 tonnes. En 72 jours ont été parcourus 11 433 miles en surface et 214 en immersion. Le capitaine Stephenson est débarqué à Lorient, le commandant Emmermann lui offre une boîte de cigares avant son départ en captivité. Il a beaucoup discuté avec lui lors du retour, surtout du port du Cap dont le commando a récupéré le plan de minage secret. Il en fait le rapport complet à l'amiral Doenitz à Paris... Puis il part en Allemagne rejoindre sa fiancée qui était restée sans nouvelles de lui depuis plus de deux mois. Leur mariage est célébré le 6 août 1942. Les mariés ne peuvent profiter très longtemps de leur lune de miel : trois jours après leur union, un télégramme ordonne au *Kapitänleutnant* Emmermann de se rendre à Paris immédiatement. Arrivé au commandement de l'arme sous-marine, Doenitz lui annonce fièrement qu'il va participer à une opération top secrète : l'attaque du port du Cap avec trois autres *U-Boote* ! La première incursion de sous-marins allemands dans l'Atlantique Sud ! L'amiral a choisi, non sans humour, le nom de code de la meute qui effectuera ce raid dans les chaleurs du Sud : *Eisbär* – ours des neiges, un nom choisi volontairement pour dérouter celui qui en entendrait parler... Emmermann lui répond : « *Très bien, mais pourquoi m'avoir fait revenir quatre jours avant la fin de ma permission, je viens de me marier ?* » L'amiral répond « *Ah, si seulement nous l'avions su...* ». Le voyage devant durer au moins trois mois, le commandant calcule qu'il ne pourra revoir son épouse avant décembre... ■

# TROISIÈME PATROUILLE : MISSION SECRÈTE JUSQU'AU CAP

En compagnie du *U-504*, l'*U-172* quitte Lorient le **19 août** 1942 à 19 h, avec une forte escorte jusqu'au large. La procédure habituelle est suivie pour la traversée du golfe de Gascogne : plongée avant l'aube, avance en immersion à 70 mètres de profondeur dans la journée, surface à la nuit tombée et rechargement des batteries ; même avec ce système, chacune des trois nuits passées en surface est marquée par au moins une plongée rapide suite à une alerte aérienne ! Le **23 août** à 16 h 34, le carré BE 9489 à l'ouest du Cap Finistère est atteint. L'*U-172* fait surface et continue sur ses moteurs Diesel. En deux jours, trois fausses alertes sont organisées par le commandant pour maintenir l'équipage au niveau d'entraînement le plus élevé. Le **25 août** à 17 h 55, un message radio codé du *BdU* est capté à destination des commandants de la meute *Eisbär* : Wilamowitz commandant le sous-marin ravitailleur *U-459* de type XIV, Poske du *U-504*, Emmermann, Hartenstein du *U-156* et Merten du *U-68*, tous les quatre de type IXC. Les sous-marins désignés doivent se suivre en ligne ; le ravitailleur, indispensable à l'opération, ne doit en aucun cas participer à une action de combat. Un nouveau message du *BdU* à 19 h 30 signale la découverte d'un convoi par l'*U-214* de Reeder dans le carré DH 1543, entre les Canaries et les Açores, faisant route à 45°. Dans le central à la table des cartes, le commandant Emmermann calcule : en estimant que le convoi se dirige vers le nord, il peut l'atteindre dès le lendemain ! En avant à 12 nœuds... Le **25 août** à 21 h 45, le convoi est de nouveau signalé, cette fois par Gelhaus du *U-107*, dans le carré 1523 ; il va bien vers le nord. Un message du *BdU*, à 22 h 34, demande à la meute *Eisbär* d'aller au contact, évidemment sans le ravitailleur. Les messages de signalement se multiplient aux premières heures du **26 août** : Remus, le commandant de l'*U-566*, précise la composition du convoi : 15 navires marchands escortés par trois destroyers. Puis le convoi aperçu une dernière fois à 3 h 48 est perdu de vue quelques heures... et finalement retrouvé à 10 h 33 dans le carré DH 1331. Avec ces nouvelles données, à la table des cartes, Emmermann annonce un cap de 140° pour se retrouver à 7 miles sur l'avant du convoi, si tout se passe comme prévu, à 13 h le lendemain. Mais le **26 août** jusqu'à 14 h 20, seul un *U-Boot* de type VII a été aperçu au loin... À l'écoute d'un message de Remus, qui a été repoussé par les escorteurs, Emmermann pense que le convoi se trouve au sud-est de sa position. À 16 h 36, rencontre avec l'*U-68* de Merten, échange de signaux. Un message radio du *BdU* ordonne

**Page de gauche :** L'*U-172* quitte Lorient le 19 août 1942, en direction du Cap en Afrique du Sud. Au premier plan, l'*U-156* (emblème ci-dessus) de Hartenstein qui va partir le lendemain pour le même secteur. BA

Après la traversée du golfe de Gascogne, l'*U-172* reste en surface. Veille dans le kiosque, de gauche à droite : Erich Schmidt, Hermann Sager et Ernst Hülsmann. UBA

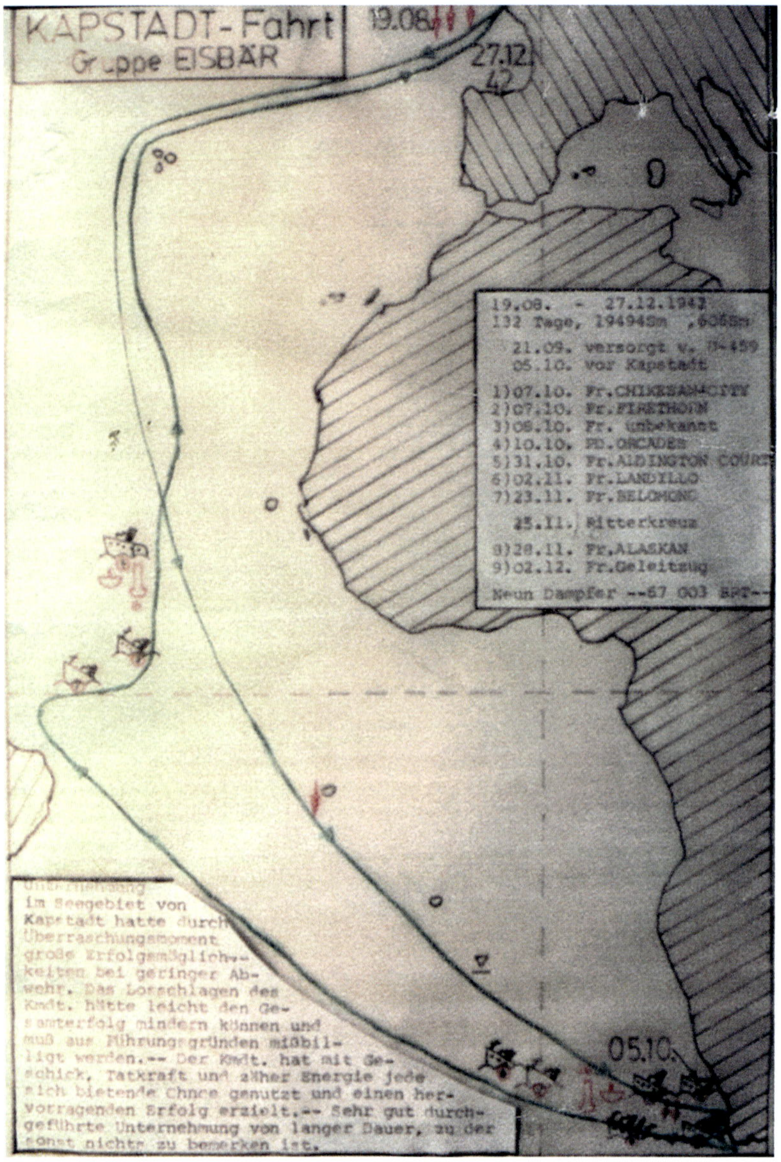


Carte de la 3e mission « La patrouille du Cap ». NA

alors à la meute de ne pas se rendre davantage vers le nord. La mission prime. L'*U-172* part chercher vers l'ouest, l'*U-68* vers l'Est. Un dernier message de Remus à 19 h 27 signale le convoi en position 8922, signifiant qu'il s'est donc échappé vers l'Est. Toute poursuite étant dorénavant impossible, la meute *Eisbär* repart vers le Sud.

Le **27 août**, l'*U-172* passe très au large de Madère ; à une vitesse de croisière de 8 nœuds, il parcourt environ 185 miles quotidiennement. Le nord des îles du Cap-Vert, dans le carré DT 5663, est atteint aux premières heures du **1er septembre**. Le commandant révèle leur destination secrète à l'équipage, la croisière sera longue. Le voyage continue toujours vers le Sud, le **7 septembre**, la hauteur de Freetown est atteinte. Le **9**, à 14 h, l'*U-172* se trouve précisément au niveau de l'équateur, une cérémonie est organisée sur le pont pour le passage de la ligne. Comme le veut la tradition maritime pratiquée dans le monde entier, ceux qui passent l'équateur pour la première fois sont baptisés par Neptune en personne… Le *12 septembre*, la monotonie des jours sans rien à signaler est rompue par une alerte aérienne à 10 h 34. À 14 h 08, l'île de l'Ascension est en vue. Le **13 septembre** à 3 h 30, un court message radio du *BdU* ordonne à la meute *Eisbär* de se diriger vers Hartenstein dans le carré FF 7721, sans plus de précision. À 16 h 35 le lendemain, un second message leur précise finalement de reprendre leur route vers le Sud, à condition qu'ils n'aient pas de naufragés à bord. Un drame est en effet survenu à proximité le 12 : l'*U-156* de Hartenstein a coulé le paquebot britannique *Laconia*…

Pendant ces événements, l'*U-172* a continué sa route, il arrive à l'ouest de l'île de Saint-Hélène aux premières heures du **19 septembre**. Le lendemain à 16 h, un message radio du *BdU* signale que la mission prévue pour l'*U-156* de Hartenstein sera remplie par l'*U-68* de Merten, lui-même remplacé par l'*U-159* de Witte ; Emmermann devra laisser, lors de son ravitaillement, un croquis des abords du Cap qui sera récupéré par Witte. Le **21 septembre** à minuit, l'*U-172* est arrivé au point CG 1999, le point de rendez-vous convenu pour le ravitaillement par la « vache à lait ». L'*U-504* arrive à son tour à 8 h, puis la grosse silhouette du ravitailleur est aperçue à 12 h 10. En moins d'une heure, les sous-marins se mettent en remorque derrière l'*U-459* sur lequel se rend exceptionnellement Emmermann, lui qui habituellement ne quitte jamais son bâtiment. Deux membres d'équipage, le mécanicien Willi Fleischmann – blessé au genou accidentellement par Alfred Schmid qui nettoyait un pistolet-mitrailleur chargé – et le matelot Pitschkiewitz jugé inapte aux sous-marins, sont transférés sur le ravitailleur qui envoie deux remplaçants, le mécanicien Heinz Trompelt et le matelot Alfred Peter. À 17 h l'opération est terminée, l'*U-172* se détache avec dans ses soutes 107 m$^3$ de carburant supplémentaire et dans tous les compartiments trois tonnes de ravitaillement pour l'équipage, de quoi tenir 12 semaines. Le groupe de quatre sous-marins continue d'avancer ensemble à 3 nœuds. Entre 18 et 20 h, Emmermann monte à bord de l'*U-68* afin d'affiner les détails du plan d'attaque. Le **23 septembre** en fin d'après-midi, Wilamowitz le commandant du ravitailleur monte à bord de l'*U-172* pour rencontrer Emmermann. Puis, l'*U-172* continue sa route seul vers le Sud. Un vapeur rapide est aperçu le **27 septembre** à 11 h 25 dans le carré GH 74, mais en plein jour le sous-marin ne peut s'approcher en surface sans être vu. L'*U-172* plonge à 11 h 59 pour tenter une approche en immersion, mais il perd du terrain. Il fait surface à

13 h 06, le cargo disparaît quinze minutes plus tard. La tension retombée, la patrouille continue... En plus des traditionnels jeux de carte ou d'échecs, Emmermann met en place un programme de concert au choix : chaque membre d'équipage choisit un disque ou prend le micro pour chanter, la mélodie est retransmise par haut-parleurs dans tous les compartiments...

Mais les choses sérieuses reprennent, aux premières heures du **3 octobre** 1942, l'*U-172* s'est bien rapproché de son objectif en atteignant le carré GR 1968. Ce n'est pas le moment d'être découvert. Les ordres du *BdU* précisent que l'attaque devra être menée par les quatre *U-Boote* de la meute *Eisbär*, au même moment, dans quatre jours. À 6 h 18, le submersible plonge pour la journée. Il fait surface à 19 h 07 afin d'observer le trafic au niveau du cap Colombine. L'opération est répétée le lendemain soir et le **5 octobre** au matin autour de l'île de Dassen et de la baie de Saldanha. Tout est allumé, deux bâtiments de guerre sont aperçus. L'*U-172* arrive en rade du port du Cap aux premières heures du **6 octobre**, les deux phares de Green Point et de l'île Robben sont allumés ; dans le port tout est calme comme en temps de paix, quelques petits bateaux circulent avec leurs lanternes. À 6 h 30, le submersible se pose sur le fond à 85 mètres de profondeur. Un fort trafic est entendu par l'hydrophone, des cargos entrants et sortants. À 12 h 28, l'*U-172* monte à profondeur périscopique. Deux bâtiments de guerre sont aperçus ainsi qu'un fort trafic tout l'après-midi ; cinq bateaux quittent Le Cap sous les yeux du commandant qui note le chemin emprunté, quatre autres entrent dans son port. Mais la rade est vide, une situation qui n'avait pas été envisagée à Paris. Du coup, en soirée, le radio de bord demande au *BdU* l'autorisation d'ouvrir le feu si une occasion se présente ; l'*U-172* s'est positionné en attente au sud-est du Cap. À 3 h 15, un cargo est repéré dans le carré GR 5593, l'*U-172* le suit au cas où l'autorisation de tirer arriverait. La réponse que le commandant attendait est captée à 4 h 30, permission accordée à la fois pour Emmermann et Merten sur l'*U-68*. Les tubes lance-torpilles sont parés, tir simultané des tubes II et IV à 5 h 02. Après 47 et 55 secondes, deux fortes explosions, le bateau coule rapidement par l'arrière. En questionnant les naufragés, le commandant apprend qu'il s'agissait du cargo américain *Chickasaw City* de 6 196 tonnes naviguant vers New York, qui avait quitté Le Cap la veille au soir. Ses cales contenaient 1 400 tonnes de chrome ainsi que du café. Comme aucun bateau n'avait été coulé par un *U-Boot* face aux côtes d'Afrique du Sud, aucune mesure de sécurité n'avait été prise. L'*U-172* remonte vers le nord, un second cargo est découvert dès 8 h 15. Le submersible part en plongée 30 minutes plus tard pour une attaque en immersion. Tir simultané de deux torpilles à 9 h 25, qui explosent au bout de 35 et 40 secondes, le bateau n'étant qu'à seulement 350 mètres. Il coule aussitôt, le sous-marin fait surface. En interrogeant les survivants, Emmermann apprend qu'il s'agissait du cargo panaméen *Firethorn* de 4 700 tonnes qui était parti de New York et transportait une cargaison de matériel de guerre vers Le Cap : des avions en pièces détachées et des chars.

Le 25 août, un message radio du *BdU* a demandé à la meute Eisbär de se diriger vers un convoi entre les Açores et les Canaries ; Emmermann calcule l'itinéraire pour se positionner sur sa route. UBA

Mais le 26 août, seuls des *U-Boote* sont aperçus, comme l'*U-68*.
Le convoi a filé vers l'Est, la poursuite est abandonnée.

Emblème de l'*U-68,* qui coulera le 10 avril 1944, un seul survivant sur cinquante-sept. UBA

Durant la longue traversée, jeu dans le carré des officiers. UBA

Les deux bateaux coulés à plus de 60 miles du Cap n'ont pas eu le temps d'émettre de SOS par radio, l'alerte ne doit pas encore être donnée. Aux premières heures du **8 octobre**, date choisie au départ pour l'attaque commune, un vapeur estimé à 3500 tonnes, semblant lourdement chargé, arrive vers l'*U-172* à une vitesse de 8 nœuds. Une torpille est tirée du tube I à 1 h 40, elle crée une gigantesque explosion en touchant une cale, le bateau disparaît aussitôt. Il s'agissait du cargo grec *Pantelis* de 3845 tonnes naviguant au ballast, dont la torpille de l'*U-172* a dû toucher la cale à carburant.

Mais les Alliés vont maintenant réagir face à la menace. Dans la matinée, l'*U-172* doit plonger à deux reprises suite à l'apparition d'un avion. Cela arrive encore trois fois dans l'après-midi ; puis à 17 h le commandant décide de partir en immersion à cause de la mauvaise visibilité. Des bruits d'hélice sont entendus à 18 h 20, apparemment un destroyer... il s'approche jusqu'à 3000 mètres environ, l'*U-172* qui se trouve à une profondeur de 50 mètres s'éloigne discrètement sur ses moteurs électriques... À 19 h 20, les bruits d'hélice s'arrêtent, puis reprennent, un Asdic est mis en marche... l'*U-172* descend à petite vitesse jusqu'à 100 mètres, aucun bruit à bord, aucun mouvement... Soudain, à 19 h 37, explosion de douze grenades anti sous-marins, le submersible est bien secoué mais les dégâts sont très légers à bord ; l'éclairage normal s'est éteint et l'éclairage de secours s'est mis en marche, le clapet d'ouverture du tube lance-torpilles IV fuit légèrement. Puis peu après, deux nouvelles séries d'explosions de douze grenades, trop lointaines pour être dangereuses car le submersible est descendu à 180 mètres ! L'*U-172* continue à s'éloigner, à 20 h les hélices de deux bâtiments sont maintenant clairement entendues. Avec leur présence à proximité, faire surface est inenvisageable pendant la nuit. Emmermann dirige la manœuvre pour s'échapper en faisant des virements de bord répétés. Puis l'Asdic finit par les perdre. Durant la nuit, deux séries d'explosions lointaines de grenades sont encore entendues. L'*U-172* s'échappe vers le sud-ouest à une profondeur de 120 mètres. Il fait surface dans la nuit noire le **9 octobre** à 20 h 30, la poursuite a duré 28 heures !

Le **10 octobre**, le temps se rafraîchit et se dégrade avec des rafales de pluie ; arrivé à 8 h dans le carré GR 7339, à environ 200 miles au sud-ouest du Cap, la visibilité tombe à moins de 5 miles. Soudain à 9 h 10, un vapeur est découvert, un grand paquebot qui vient du 280 et semble avancer à 13-14 nœuds. Avec sa cheminée au centre, son grand mât sur l'avant et sa taille, d'après le registre des bateaux de la Lloyd, il ne peut s'agir que du paquebot britannique *Orcades*. À cause de la forte pluie, à

9 h 30, les veilleurs ne voient rien au-delà de 1 à 2 miles, le paquebot est perdu de vue... Au bout de 10 minutes, le commandant ordonne une plongée, les bruits d'hélice sont suivis à l'hydrophone : à 90°... Surface à 9 h 56, 4 minutes plus tard, le paquebot est là, à seulement 3 000 mètres. Emmermann décide de plonger pour une attaque en immersion malgré une mer de force 4-5 ; c'est vraiment limite pour tenter un tir dans ces conditions. Le sous-marin est maintenu stable à profondeur périscopique en faisant marcher les moteurs électriques à leur puissance maximale. Emmermann donne l'ordre de tirer deux torpilles simultanément à 10 h 28, réglées à une profondeur de 5 mètres. La première explose à l'avant du paquebot au bout de 2 min 50 s, soit 2 550 mètres. La seconde explose sur l'arrière 30 secondes plus tard. À 10 h 45 une troisième torpille, réglée à 6 mètres, explose en plein milieu du paquebot. À travers le périscope, le commandant suit l'évacuation des passagers qui montent sur leurs canots de sauvetage ; une équipe réduite avec quelques dizaines de membres d'équipage et de soldats est restée à bord pour la manœuvre et pour servir un canon de 150 mm, un autre de 75 et deux canons de 20 mm ainsi que plusieurs mitrailleuses. La 4e torpille tirée à 10 h 54 est défectueuse, vraisemblablement elle est partie vers le fond. Le paquebot avance encore à environ 5 nœuds mais il semble tourner en rond. Dans le sous-marin, comme le tube IV est encore indisponible à cause des explosions de grenade deux jours plus tôt, descente à 30 mètres pour recharger. Cette opération effectuée, l'*U-172* remonte à profondeur périscopique à 11 h 20, le commandant n'aperçoit plus le paquebot dans le périscope, seulement de nombreux canots de sauvetage au milieu d'une mer de couleur orange... Et plus de bruits d'hélice... Surface à 11 h 37, le paquebot est alors aperçu à travers les rafales de pluie, il a dû les voir également car il vire de bord et s'éloigne en zigzaguant à une vitesse estimée à 8 nœuds, en direction de la côte ; apparemment certaines de ses avaries moteurs ont dû être réparées ! Le radio du bateau lance une alerte sur la bande des 600 mètres, il faudra faire attention à l'aviation dorénavant. Alors que le submersible s'approche en surface, arrivé à une distance d'environ 3 500 mètres, il est visé par plusieurs obus tirés des canons du paquebot. À 12 h 18, le submersible repart en immersion puis se dirige vers les bruits d'hélice entendus à l'hydrophone. Surface à 12 h 34, le paquebot n'est qu'à 2 000 mètres, cette fois à l'arrêt et avec l'avant qui s'enfonce. Aussitôt l'*U-172* replonge à profondeur périscopique, tire une 5e torpille

▶ *suite p. 56*

La barbe de l'ingénieur principal Lothar Dick commence tout juste à pousser... UBA

Le 9 septembre 1942, l'*U-172* s'apprête à passer l'équateur. Le pavillon de Neptune est hissé dans le kiosque. UBA

Le commandant désigne les marins qui passent la ligne pour la première fois à l'amiral Triton, l'*IWO* Scholz déguisé. UBA

*Sa Majesté* Neptune, Thétis et sa suite sont annoncés ! UBA

D'autres membres d'équipage se sont déguisés pour la fête. On peut imaginer, vu le peu de place réservée à chaque membre d'équipage dans un sous-marin, qu'il a fallu rivaliser d'ingéniosité pour caler ces déguisements quelque part ! LB

## Le passage de la ligne, suite...

Cérémonie de baptême… UBA

Lavage à grande eau des baptisés sur le pont arrière. UBA

Après la cérémonie, une tasse de schnaps est distribuée. UBA

„U 172"

TAUF-URKUNDE

Wir Neptun, Herrscher über alle Meere, Teiche und Tümpel Beherrscher aller Nixen, Fische und Krabben tun hiermit kund, daß am heutigen Tage der

Ernst Hülsmann

getreu aller Überlieferung die Linientaufe empfangen hat

9. September 1942 — φ 0°.00' λ 19°, 02'W

Kptlt. u. Kmdt.

Le diplôme de passage de l'équateur remis à Ernst Hülsmann le 9 septembre 1942. UBA

Des naufragés du paquebot *Laconia* ont trouvé refuge sur le pont de l'*U-156*, obligé de rester en surface... Au sud des Açores le 12 septembre 1942, l'*U-156* a coulé le paquebot britannique *Laconia*; en plus de l'équipage, à bord de ce transport parti du Caire à destination de l'Angleterre se trouvaient 1 800 Italiens faits prisonniers à *El Alamein,* des soldats britanniques blessés en Afrique du Nord et environ 80 femmes et enfants. Ce torpillage est le plus meurtrier réalisé par un *U-Boot* de toute la Seconde Guerre mondiale avec 1 658 victimes, principalement italiennes. Lorsqu'il s'aperçoit que des centaines de naufragés nagent à la surface de l'eau, l'*U-156* demande des ordres; bien que le chef des opérations du *BdU* Godt soit opposé à leur sauvetage qui pourrait mettre le sous-marin en péril, Doenitz ordonne au *U-156* de s'en occuper en attendant que d'autres *U-Boote* envoyés aussitôt sur place le soulagent, ainsi que les deux bateaux de la marine de Vichy *Annamite* et *Gloire* partis de Dakar. Pour bien signaler cette opération de sauvetage, l'*U-156* émet deux fois en clair le message radio qu'il transporte des naufragés et un grand drapeau avec une croix rouge est étalé sur le pont; 200 rescapés y sont entassés tandis que 400 autres, qui ont pris place à bord de canots de sauvetage du bateau, sont remorqués par le sous-marin. Le 15 septembre, les *U-506* et *U-507* arrivent et les rescapés sont répartis entre les trois sous-marins qui font route séparément vers la France. Le 16 septembre, un bombardier américain *B-24* arrive et passe à 60 mètres au-dessus de l'*U-156*, la visibilité est très bonne; malgré les messages envoyés par un officier britannique et la présence du drapeau de la croix rouge, il effectue cinq attaques sur l'*U-156* en lançant une bombe à chaque passage. Des naufragés sont tués et l'*U-156* est endommagé. Suite au rapport des événements envoyé par radio par l'*U-156* au commandement de l'arme sous-marine, Doenitz demande l'arrêt de l'opération de sauvetage; les cordes qui tiraient les canots de sauvetage sont coupées, seuls les Italiens sont gardés à bord des sous-marins. Les autres naufragés sont sauvés le 17 septembre par les deux bateaux français arrivés sur place. Une seconde attaque aérienne est faite contre l'*U-506* obligé de plonger avec 142 survivants à bord ! Le même jour, Doenitz fait diffuser dans la soirée par radio l'ordre « *Triton Null* » qui précise que dorénavant les *U-Boote* ne devront plus porter secours aux naufragés des bateaux coulés.

qui explose sur l'arrière du paquebot, une 6e est tirée au niveau de sa salle des machines puis une 7e sur son avant. À 13 h, le paquebot prend de la gîte par tribord, puis coule, en trois minutes. Aussitôt après explosent trois bombes lancées par un avion passant à la verticale du submersible qui, à ce moment, se trouve à profondeur périscopique ; il descend immédiatement à 100 mètres puis s'échappe vers le Sud ; d'autres détonations sont entendues, très loin. À 16 h remontée à 60 mètres puis route sur les moteurs électriques vers le Nord-Ouest. Surface à 20 h 10 dans l'obscurité. Le paquebot coulé était bien le transport de troupes *Orcades* de 23 456 tonnes. Le **11 octobre** à midi, un message radio est déchiffré et lu à l'équipage : le commandant supérieur de la marine allemande félicite les différents commandants impliqués dans l'attaque devant Le Cap pour leurs premiers succès. En cumulant les résultats des *U-68* et *U-159* avec ceux de l'*U-172*, un total de treize bateaux ont été coulés en trois jours. Un nouveau message demande à Emmermann des détails sur la dernière attaque pour communiquer ces informations aux services de presse.

Dans le carré GR 4143, le **12 octobre** en fin d'après-midi, les torpilles de réserve stockées sous le pont supérieur sont apportées à l'intérieur de l'*U-172*. Deux jours plus tard à 5 h 25, un vapeur est aperçu au loin ; l'aube se levant, une attaque en surface est impossible. Le submersible plonge à 7 h 32 pour une attaque en immersion. Trente minutes après, le commandant aperçoit au périscope un avion tourner autour

L'*U-504* de Fritz Poske, parti en même temps que l'*U-172* de Lorient, est également présent pour le ravitaillement. Il sera coulé le 30 juillet 1943, 53 morts. UBA

L'emblème de l'*U-504*. UBA

du bateau. Deux torpilles sont tirées à 9 h 11 vers l'objectif situé à 2 000 mètres, mais ratent leur cible ! Soit elles étaient défectueuses, soit le bateau qui vire de bord en permanence les a évitées. À cause de l'avion, toute poursuite en surface est impossible. Dans les jours suivants, l'*U-172* continue de patrouiller en se dirigeant vers l'ouest, mais aucun bateau n'est aperçu... Les veilles, longues et monotones, s'enchaînent pendant seize jours jusqu'au **30 octobre**, sans rien apercevoir... Les Alliés, conscients du danger, ont tout simplement momentanément arrêté l'utilisation du port du Cap ; les bateaux qui devaient s'y rendre sont déroutés ailleurs. Puis soudain, le **31 octobre** à 20 h 30, dans le carré GP 7898, les mâts d'un vapeur isolé sont aperçus. Après sa manœuvre d'approche en surface sous le couvert de l'obscurité, le commandant fait tirer deux torpilles simultanément à 22 h 23. Après une course de seulement 13 secondes, soit 250 mètres, la première explose en plein milieu du cargo ; la seconde sur l'arrière. Le bateau s'enfonce par l'arrière, des canots de sauvetage sont descendus avant qu'il ne sombre définitivement. À 22 h 48 tout est terminé, l'*U-172* s'approche des canots. Le capitaine ayant péri lors du naufrage, l'officier en second est invité à monter à bord pour être interrogé ; il déclare à Emmermann qu'il naviguait sur le cargo britannique *Aldington Court* de 4 891 tonnes, parti de Philadelphie avec des tracteurs et du pétrole pour le Cap, avec 44 hommes d'équipage à bord. Un paquet de cigarettes lui est offert et des indications lui sont données sur la route à suivre pour retrouver la terre au plus tôt. L'*U-172* repart à 300° puis vire de 60 au bout d'une demi-heure, il lui reste sept torpilles et 125 m$^3$ de carburant. En remontant vers le Nord-Est, un vapeur est aperçu le **2 novembre** à 19 h 30 dans le carré GG 4784. Après la manœuvre d'approche, tir d'une torpille depuis le tube arrière V, qui explose au bout de 1 min 14 s, soit 1 480 mètres, créant une grosse déflagration. Le danger étant jugé inexistant, les membres d'équipage qui n'étaient pas indispensables à la manœuvre ont exceptionnellement été invités par Emmermann à monter sur le pont pour assister au torpillage en direct. Le message d'alerte envoyé par le bateau sur la bande des 600 mètres est brouillé par le radio de l'*U-172*. Les canots sont mis à l'eau, les survivants interrogés : ils déclarent que le cargo britannique *Llalandilo* de 4 966 tonnes se rendait de Trinidad au Cap chargé de véhicules et de biens divers – en réalité ses cales contenaient 9 024 tonnes de matériel militaire américain. Il disparaît de la surface à 22 h 18.

Plus que six torpilles à bord du sous-marin qui continue sa remontée vers le nord, très au large des côtes africaines. Les concerts au choix reprennent pour occuper l'équipage, ainsi que des baignades autour du sous-marin. Le **5 novembre**, fête à bord pour le premier anniversaire de la mise en service de l'*U-172* : en une année, quinze bateaux ont été coulés avec souvent des cargaisons de matériel militaire de grande valeur. Les journées monotones se succèdent, le **12 novembre** au matin le sous-marin se trouve dans le carré FL 6198 plus près des côtes brésiliennes qu'africaines ; Emmermann demande par radio l'autorisation d'aller patrouiller encore plus à l'ouest, dans les carrés FK et FC face à Natal au Brésil, et signale qu'il lui reste 98 m$^3$ de carburant. L'autorisation est accordée à midi, lui conseillant de se rendre

▸ *suite p. 78*

Ravitaillement par l'*U-459* le 22 septembre. Né en 1893, son commandant Georg von Wilamowitz-Moellendorf, surnommé « Wilder Moritz – Moritz le sauvage » est un « vieux de la vieille » ; âgé de presque 49 ans, il a navigué sur des torpilleurs dès 1914 puis sur quatre sous-marins entre 1917 et 1918 ! Coll. Axel Urbanke

L'emblème de l'*U-459*.
UBA

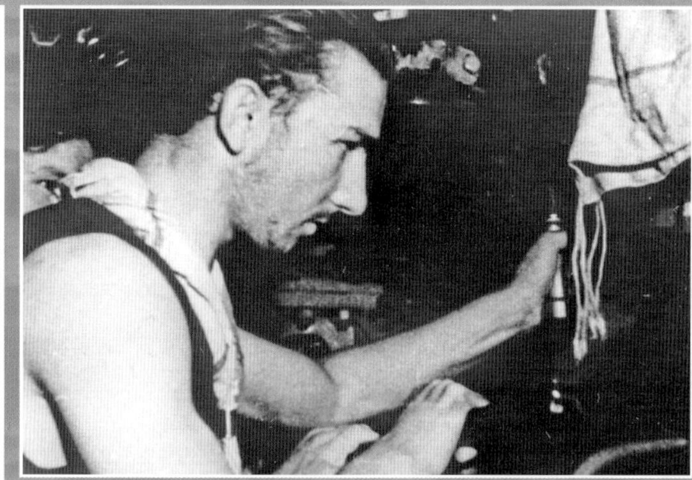

Après le ravitaillement, le cuisinier du bord Alfred Meissner peut préparer des nouveaux plats. UBA

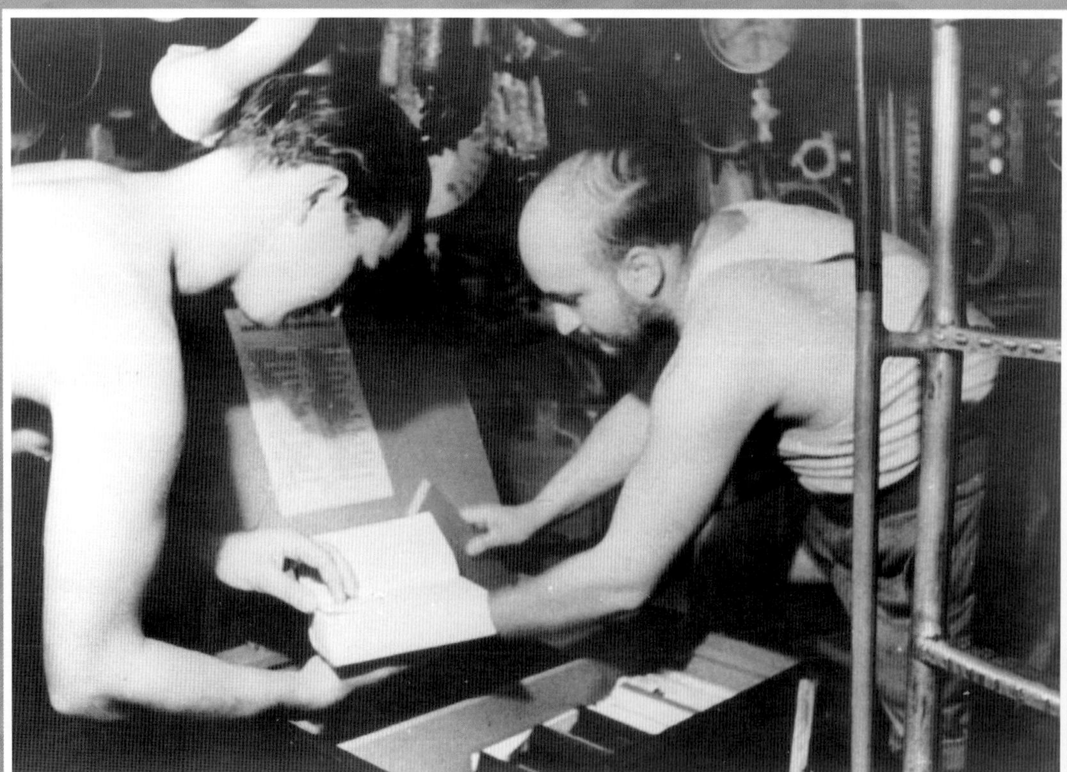

Pour s'occuper durant les longues journées monotones, les mécaniciens Heinz Holzke et Balthasar Schuy vont choisir des livres dans la bibliothèque de bord. Schuy fera partie des morts lorsque l'*U-172* sera coulé. UBA

Vue de l'entrée du Cap où le trafic est surveillé à profondeur périscopique dans l'après-midi du 6 octobre. L'*U-172* est le premier à arriver dans ce secteur. UBA

L'emblème porté par Emmermann sur sa casquette. UBA

Au périscope, Emmermann note le trajet suivi par les cargos pour entrer et sortir. UBA

Après avoir coulé trois bateaux en moins de 24 heures face au Cap, l'*U-172* est grenadé par un destroyer le 8 octobre. LB

Le 10 octobre en matinée, le paquebot *Orcades* est découvert à 200 miles au sud-ouest du Cap. Réquisitionné par le *Ministry of War Transport* britannique, il se rendait de Suez vers Liverpool avec 741 passagers - principalement des soldats, 3 000 tonnes de cargaison diverses, notamment des dizaines de milliers d'oranges et 2 000 sacs de courrier; au total, sur 1 067 personnes à bord, 1 022 ont pu être sauvées, 45 ont péri. Il s'agit du 5e plus gros bateau coulé par un *U-Boot* durant la Seconde Guerre mondiale. DR

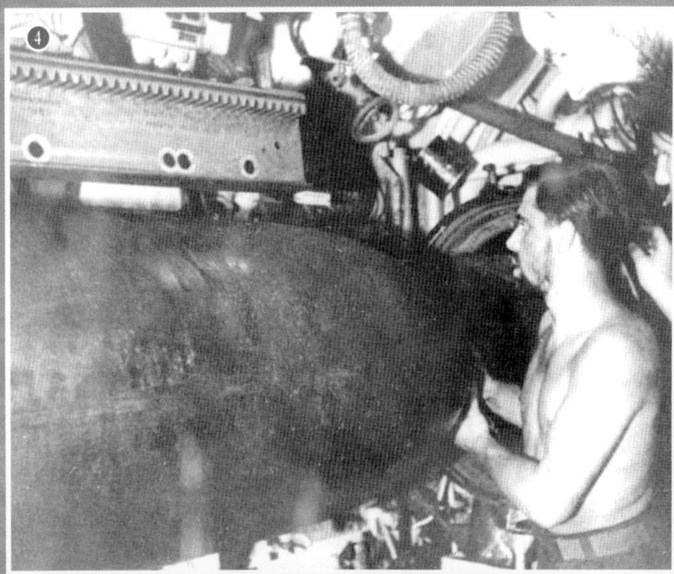

1. Après avoir tiré sept torpilles sur le paquebot *Orcades*, les « anguilles » de réserve situées sous le pont supérieur sont sorties le 12 octobre. UBA

2. Introduction dans l'écoutille oblique. En cas d'attaque aérienne lors d'une opération de transfert de torpilles, les chances de survie sont très minces. UBA

3. La torpille est glissée à l'intérieur. UBA

4. Les tubes vides sont rechargés. UBA

Durant les 16 jours de veille suivants à l'ouest du Cap, aucun trafic n'est aperçu. UBA

Le cargo britannique *Aldington Court* croise la route de l'*U-172* le 31 octobre, il est coulé par deux torpilles. A cette distance d'environ 1 000 miles des côtes de l'Afrique du Sud, seuls dix membres d'équipage survivront en étant récupérés par un bateau le 13 novembre.

Veille lors de la remontée vers le Nord, de gauche à droite, Erich Schmidt, Ernst Hülsmann et Herbert Rathjen. UBA

Naufragé du *Benlomond*, le steward chinois Poon Lim (au centre) s'est retrouvé isolé sur un radeau de survie composé d'un pont en bois surmontant six gros bidons remplis de nourriture et d'eau. Au fil des jours qui passaient, il a fabriqué une canne à pêche et a récupéré des petits poissons; il a aussi mangé des oiseaux venus essayer de chiper les poissons qu'il faisait sécher au soleil. Après avoir dérivé pendant 131 jours, il a été récupéré par un bateau de pêche brésilien à 10 miles des côtes. Âgé de 25 ans, il est le seul survivant de l'équipage. Avec l'aide d'un interprète, il discute avec le *Rear-Admiral* américain Julius Furer. NA

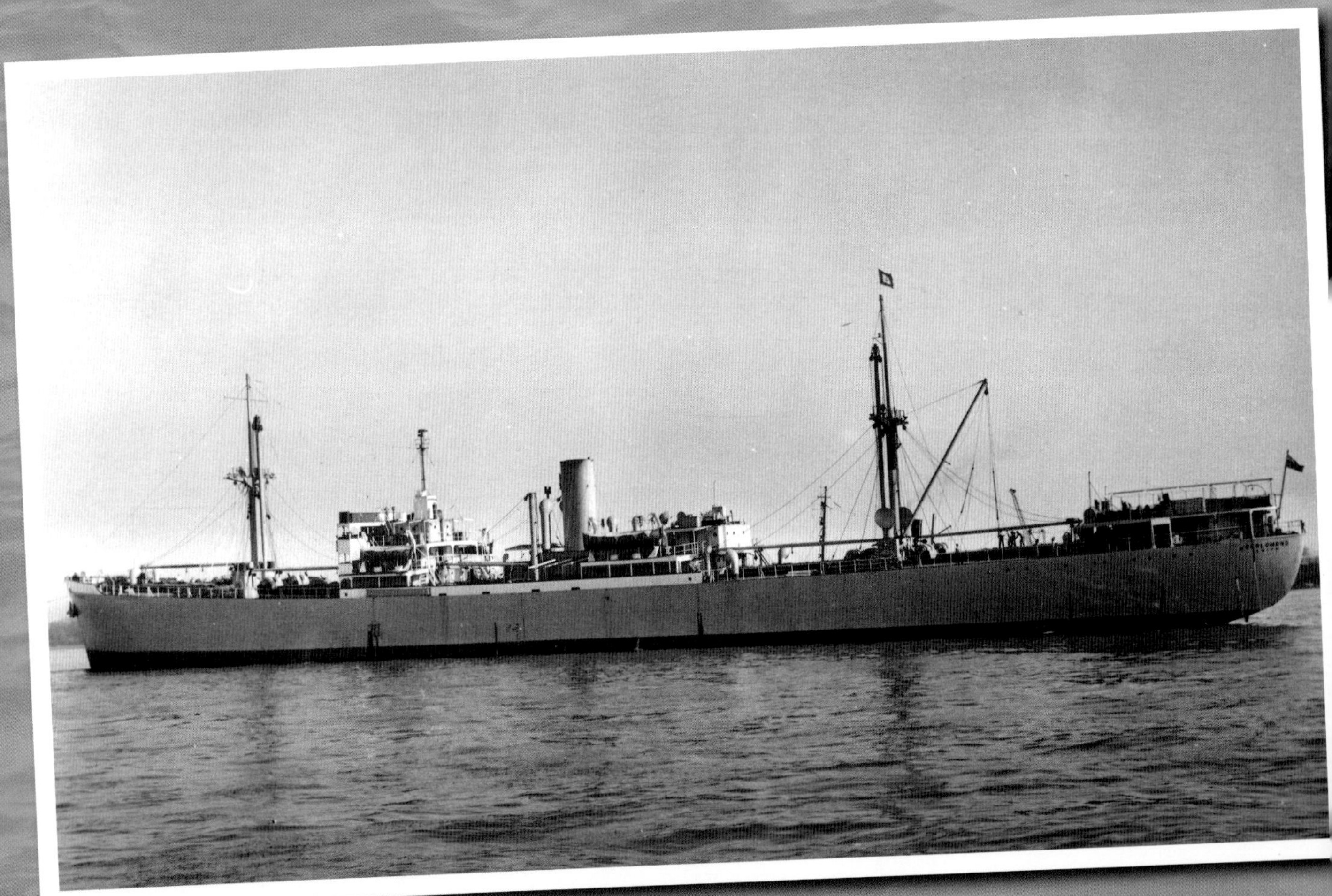

Le cargo *Benlomond* est coulé le 23 novembre, à environ 750 miles des côtes du Brésil. DR

Le cargo américain *Alaskan* est coulé dans la matinée du 28 novembre 1942. Il se rendait du Cap à New York avec des biens divers notamment des véhicules et surtout 800 tonnes de chrome ; 50 membres d'équipage sur 58 survivront au naufrage. DR

Le canon de pont de 105 mm coule l'*Alaskan*. Il s'agit de la dernière utilisation du canon de l'*U-172* pour couler un bateau, à cause de l'omniprésence de l'aviation alliée par la suite. UBA

La barbe du *L.I.* Lothar Dick a bien poussé ! UBA

À gauche : Emmermann apprend par radio le 28 novembre 1942 qu'il a été décoré de la Croix de Chevalier la veille. Son bilan réel est de 16 bateaux coulés pour 95 302 tonnes, très proche des 100 000 tonnes requises pour l'obtention de cette décoration. Avec le torpillage de l'*Alaskan* de 5 364 tonnes ce même jour, il a réellement dépassé le chiffre requis ; ce sera d'ailleurs l'un des derniers commandants qui recevront la Croix de Chevalier dans ce cas. UBA

Le 8 décembre 1942 en plein milieu de l'Atlantique, l'*U-172* est ravitaillé par l'*U-461*. UBA

L'emblème de l'*U-461*, qui sera coulé le 30 juillet 1943, 53 morts, 15 survivants. UBA

Le 11 décembre, les veilleurs découvrent leur premier convoi à 19 h 30 ! Mais l'*U-172* n'a plus que deux torpilles... LB

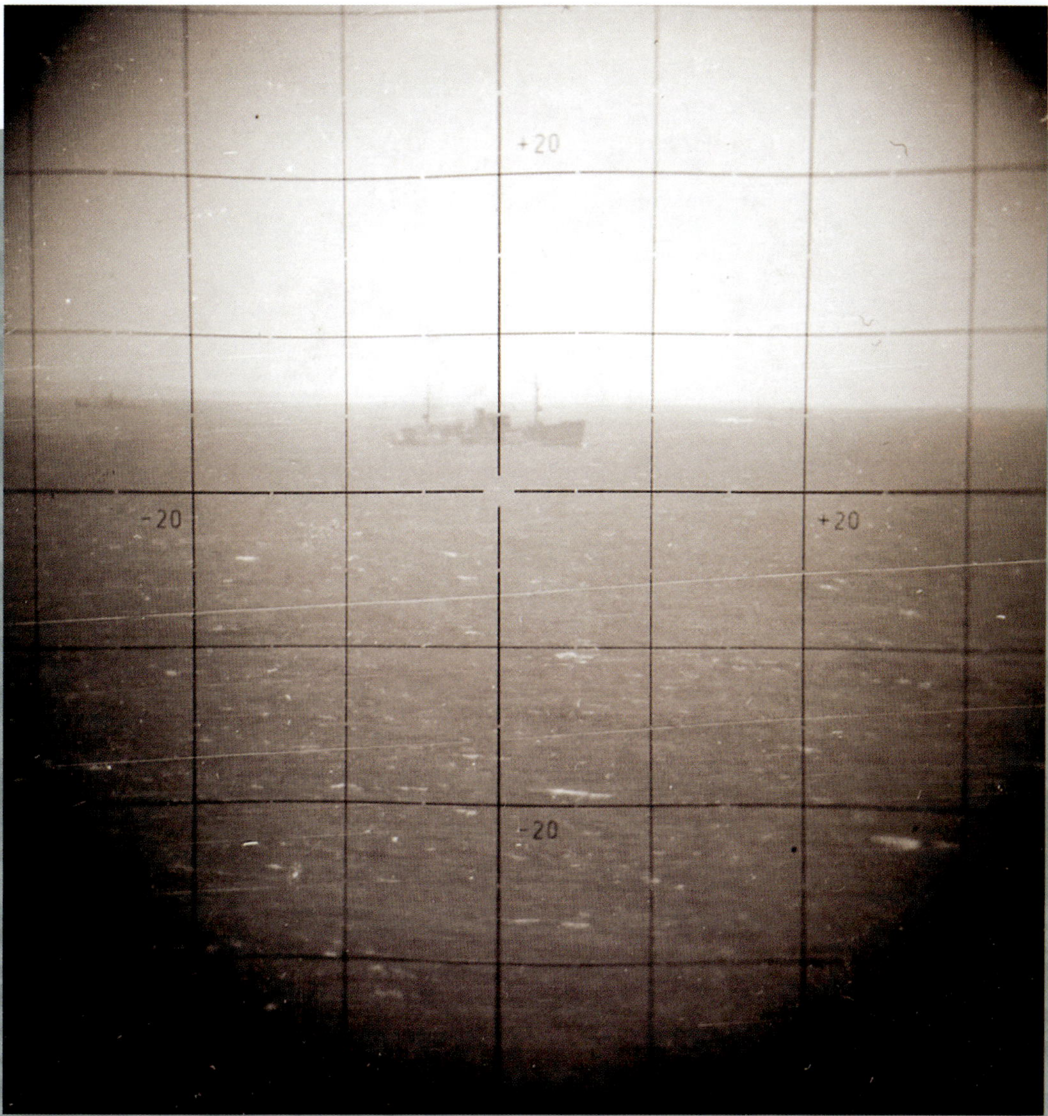


Alors que l'*U-172* se prépare à une attaque en immersion contre le convoi, l'arrivée d'un destroyer oblige Emmermann à tirer ses torpilles à 2 000 mètres des cargos avant de plonger plus profondément. Deux détonations sont entendues, mais aucune perte confirmée côté allié. LB

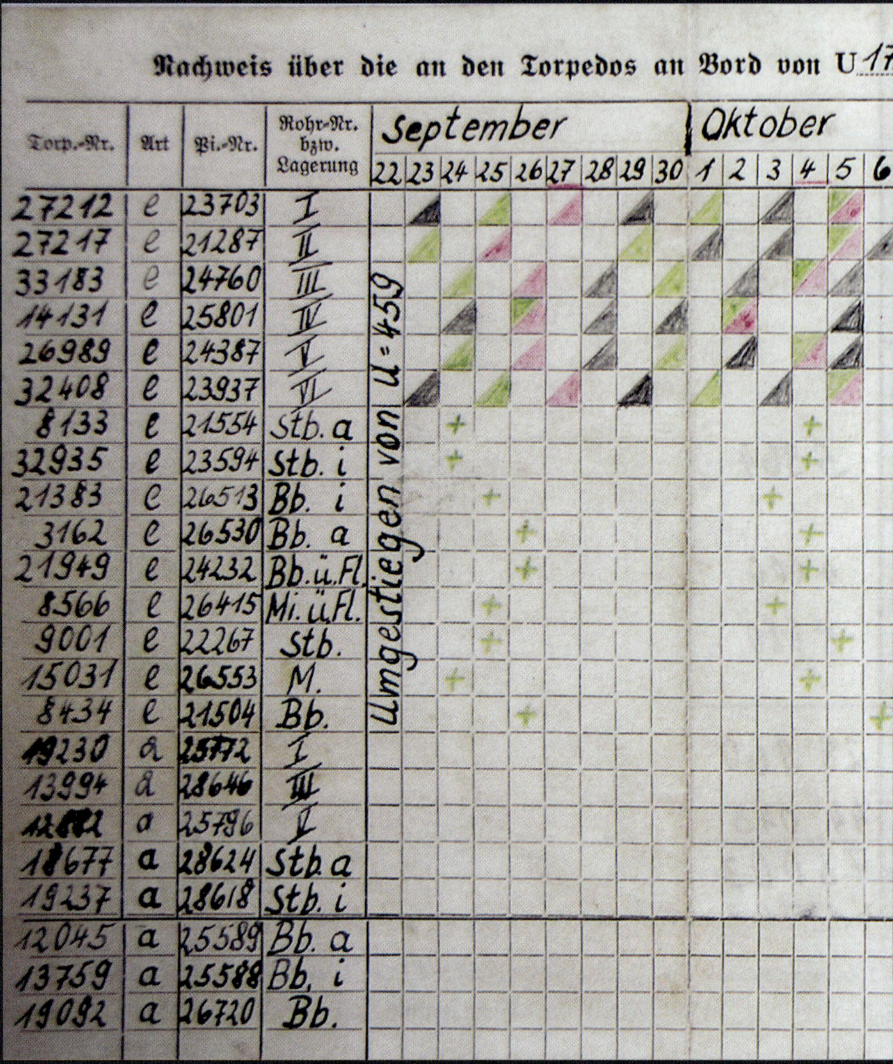

Nachweis über die an den Torpedos an Bord von U 17[illegible]

| Torp.-Nr. | Art | Pi.-Nr. | Rohr-Nr. bzw. Lagerung |
|---|---|---|---|
| 27212 | e | 23703 | I |
| 27217 | e | 21287 | II |
| 33183 | e | 24760 | III |
| 14131 | e | 25801 | IV |
| 26989 | e | 24387 | V |
| 32408 | e | 23937 | VI |
| 8133 | e | 21554 | Stb. a |
| 32935 | e | 23594 | Stb. i |
| 21383 | e | 26513 | Bb. i |
| 3162 | e | 26530 | Bb. a |
| 21949 | e | 24232 | Bb. ü. Fl. |
| 8566 | e | 26415 | Mi. ü. Fl. |
| 9001 | e | 22267 | Stb. |
| 15031 | e | 26553 | M. |
| 8434 | e | 21504 | Bb. |
| 19230 | a | 25772 | I |
| 13294 | a | 28646 | III |
| 12[illegible] | a | 25796 | V |
| 18677 | a | 28624 | Stb a |
| 19237 | a | 28618 | Stb. i |
| 12045 | a | 25589 | Bb. a |
| 13759 | a | 25588 | Bb. i |
| 19092 | a | 26720 | Bb. |

September: 22 23 24 25 26 27 28 29 30 — Oktober: 1 2 3 4 5 6

Umgestiegen von U-459

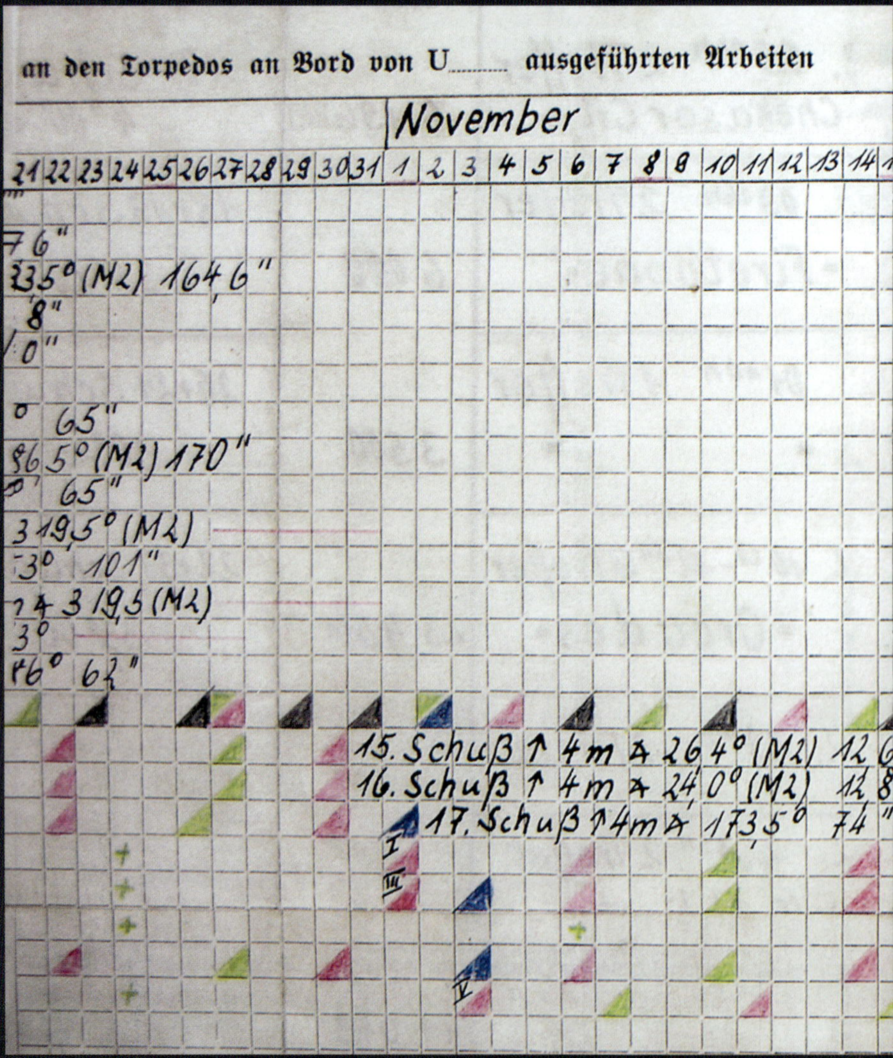

an den Torpedos an Bord von U........ ausgeführten Arbeiten

November

21 22 23 24 25 26 27 28 29 30 31 — 1 2 3 4 5 6 7 8 8 10 11 12 13 14

335° (M2) 164,6"

865° (M2) 170"

319,5° (M2)

3° 101"

319,5 (M2)

15. Schuß ↑ 4m ⊼ 264° (M2) 12[illegible]

16. Schuß ↑ 4m ⊼ 240° (M2) 12 8[illegible]

17. Schuß ↑ 4m ⊼ 173,5° 74"

Tableaux de tir des torpilles lancées par l'*U-172* de septembre à décembre 1942. UBA

...führten Arbeiten ...ie an den Torpedos an Bord von U

Nove

5 F.B.

10 11 12 13 14 15 16 17 18 19 20 21 22 23 24 25 26 27 28 29 30 31 1 2 3

...huß ↑ 4m ∡ 340,4° 23,0"
...uß ↑ 4m ∡ 144° (M2) 47,6"
7. Schuß ↓ 4m ∡ 283,5° (M2) 164,6"
...uß ↑ 4m ∡ 29,2° (M2) 53,8"
...uß ↓ 4m ∡ 156° (M2) 24,0"
...uß ↓ 4m ∡ 153,6° (M2)
11. Schuß ↓ 5m ∡ 6° 65"
6. Schuß ↓ 4m ∡ 286,5° (M2) 170"
10. Schuß ↓ 5m ∡ 6° 65"
13. Schuß ↓ 4m ∡ 319,5° (M2)
8. Schuß ↓ 5m ∡ 353° 101"
14. Schuß ↓ 4m ∡ 319,5 (M2)
9. Schuß ↓ 7m ∡ 183°
12. Schuß ↓ 7m ∡ 186° 62"

15. Schu...
16. Schu...
17. ...

Am 12. und 13.10. Übern. v. Oberdeck

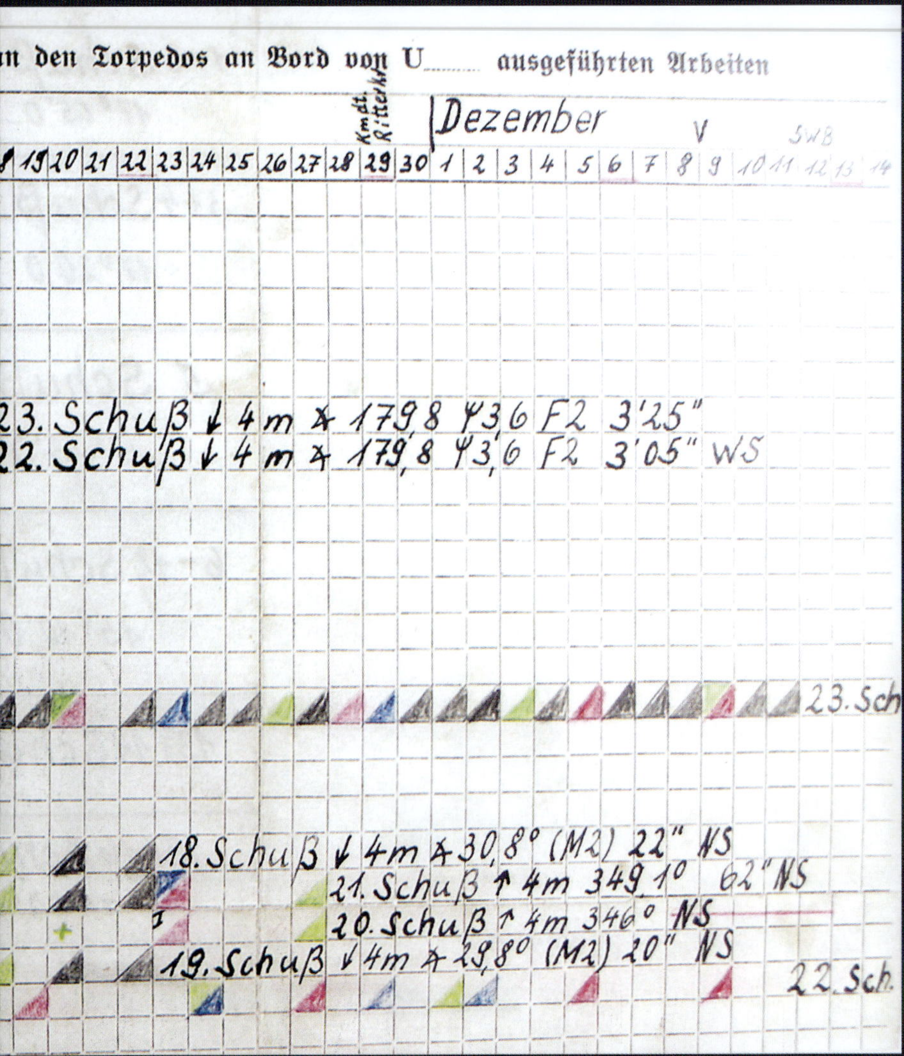
...n den Torpedos an Bord von U...... ausgeführten Arbeiten

Kmdt. Ritterkr.

Dezember

V

SWB

...19 20 21 22 23 24 25 26 27 28 29 30 1 2 3 4 5 6 7 8 9 10 11 12 13 14

23. Schuß ↓ 4m ∡ 179,8 43,6 F2 3'25"
22. Schuß ↓ 4m ∡ 179,8 43,6 F2 3'05" WS

23. Sch...

18. Schuß ↓ 4m ∡ 30,8° (M2) 22" NS
21. Schuß ↑ 4m 349,1° 62" NS
20. Schuß ↑ 4m 346° NS
19. Schuß ↓ 4m ∡ 29,8° (M2) 20" NS

22. Sch.

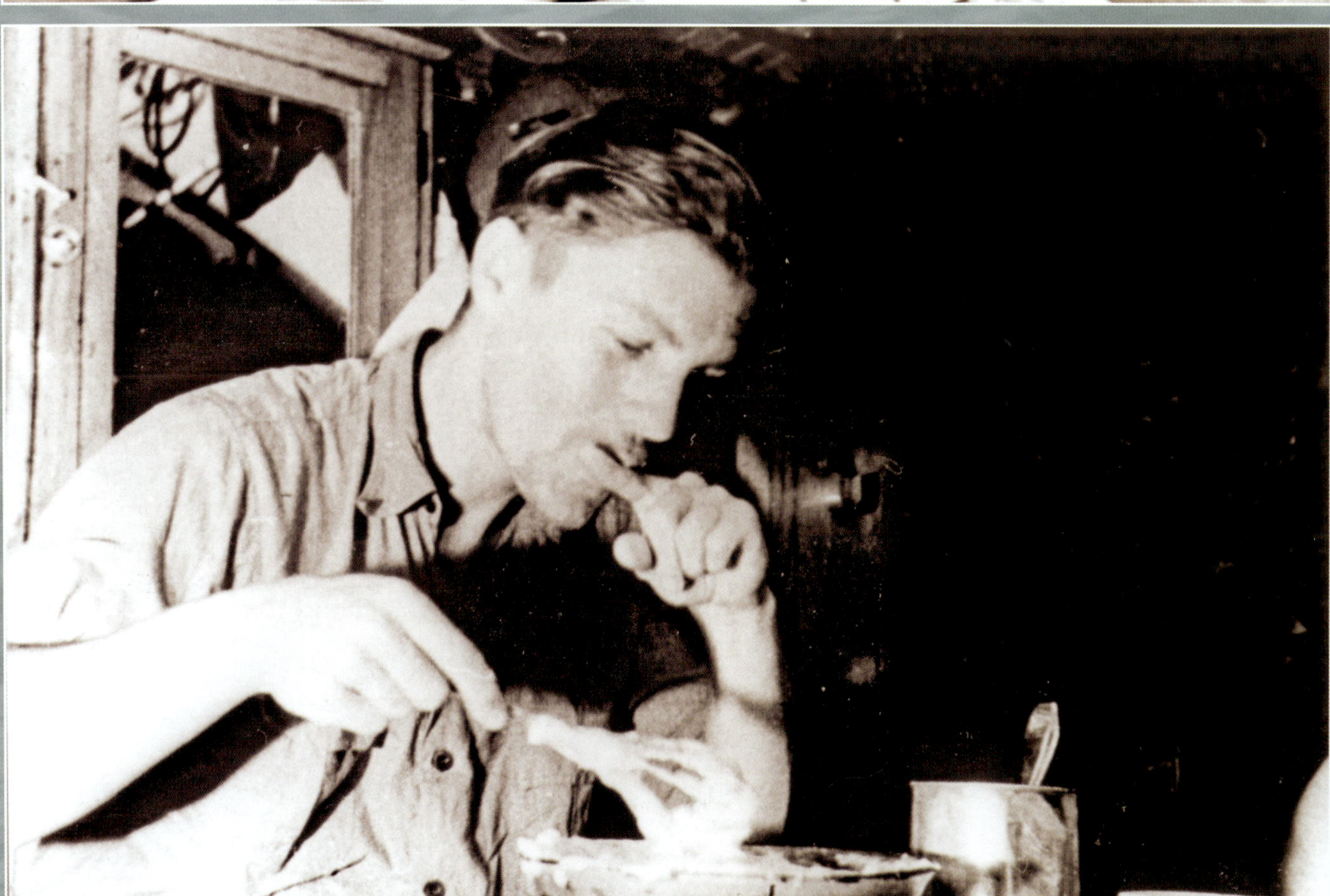

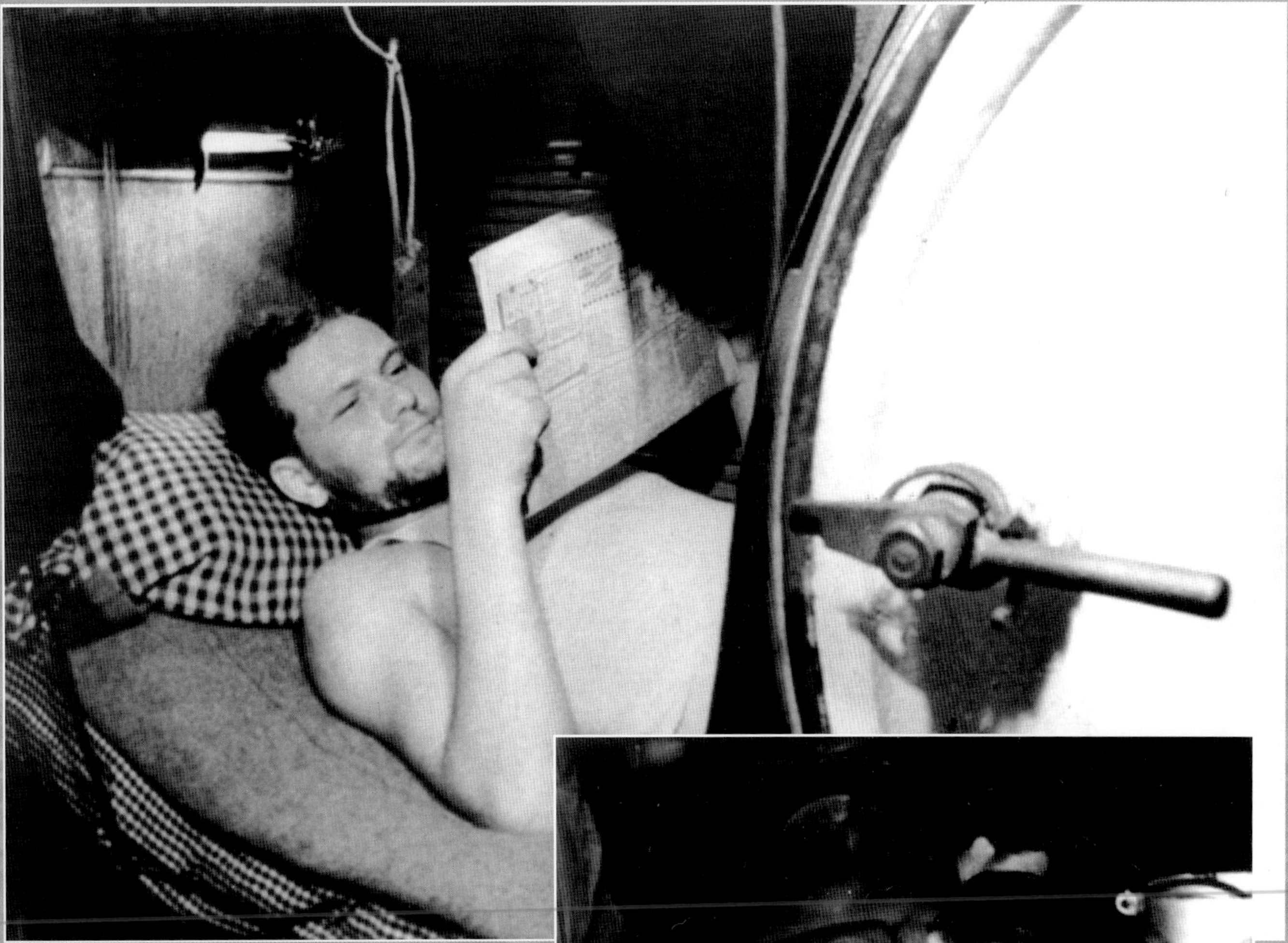

Les hommes lisent pendant la traversée de l'Atlantique et du golfe de Gascogne. UBA

Écriture du courrier. Les fêtes de Noël sont célébrées à bord du sous-marin. UBA

Page de gauche : Le commandant et son officier en troisième Hermann Hoffmann en pleine dégustation ! UBA

L'*U-172*, après une mission de quatre mois et demi, arrive à Lorient le 27 décembre 1942. Son bilan réel est de 8 bateaux coulés pour 60 048 tonnes. UBA

Cérémonie de remise de décorations dans la cour de l'*Hundius Caserne*. Carl Emmermann décerne des Croix de fer de 2e classe. L'officier en second Heinz-Günther Scholz est débarqué ; il commandera l'*U-283* sur lequel il trouvera la mort avec les 49 autres d'équipage le 15 août 1943, durant la première mission. UBA

dans le carré FK 11 où un sous-marin italien a rencontré du trafic. Pendant trois jours, rien à signaler. Alors qu'il se trouve dans le carré FK 2673 le **15 novembre**, soudain alerte aérienne ! Une formation de six bombardiers est aperçue à 12 h 15. Plongée ! Le sous-marin refait surface au bout de 30 minutes. L'*U-172* se rapproche de la côte brésilienne, le **17 novembre** à 8 h 22, deux chalutiers probablement armés sont aperçus. Le submersible vire vers le nord. Après 5 nouveaux jours monotones pendant lesquels l'équipage s'occupe notamment en entretenant les canons, un cargo est aperçu le **23 novembre** à 8 h 15, dans le carré FC 1344, à environ 750 miles à l'est de la rivière Amazone. Il zigzague toutes les 10-15 minutes, avec une vitesse estimée à 13 nœuds. En restant à la limite de visibilité, l'*U-172* va se placer sur sa route à grande vitesse, puis plonge à 13 h 34 pour une attaque en immersion. Comme le commandant l'avait prévu, le bateau vient à passer juste devant le submersible : à 14 h 10 tir simultané de deux torpilles. La première explose au bout de 20 secondes dans la salle des machines, une seconde explosion est aussitôt entendue, sans doute la chaudière ; la seconde torpille atteint la poupe au bout de 22 secondes soit 440 mètres. Le bateau coule en seulement 2 minutes par l'arrière. Environ 10 survivants sont aperçus sur un radeau. Surface ! Il s'agissait du cargo britannique *Benlomond* de 6 630 tonnes, parti de Bombay et naviguant au ballast.

Carte avec le trajet du train spécial réservé aux sous-mariniers, dénommé « BdU-*Zug* ». Coll. Jean-Philippe Lamotte

Le **27 novembre** au soir, un message radio de l'*U-172* demande au *BdU* s'il peut retrouver l'*UD-3* qui se trouve à proximité au point de rendez-vous ER 9873 ; l'idée d'Emmermann est de récupérer quelques torpilles car il n'en a plus que quatre. L'*UD-3* est l'ancien sous-marin hollandais *O 25* lancé le 1er mai 1940, capturé par les Allemands et commandé par le vétéran de la Première Guerre, le *Fregattenkapitän* Hermann Rigele, qui vient d'annoncer par radio qu'il a coulé un bateau tout proche le 26 novembre. Mais la réponse du *BdU* indique qu'une fois que l'*UD-3* aura déjà transféré quelques torpilles à Witte, il devra conserver les restantes. Le commandant Witte a donc encore suivi la même route qu'Emmermann depuis leur attaque commune devant le Cap ! Le message demande ensuite à Emmermann de rentrer dès qu'il n'aura plus de torpilles. Le **28 novembre** à 2 h 13, vapeur en vue ; le commandant décide d'effectuer un tir en surface avant l'aube. Après la manœuvre d'approche, tir simultané des tubes I et III. La première torpille est défectueuse mais la seconde explose en plein milieu du cargo dans la salle des machines après une course de 62 secondes, soit 1 200 mètres. Le bateau est évacué, Emmermann décide de le couler au canon, 60 coups environ sont tirés dont une quarantaine touchent leur objectif. L'opération est terminée à 9 h 17. Il s'agissait du cargo américain *Alaskan* de 5 364 tonnes, le 8e bateau coulé lors de cette mission. Lorsque le message radio de 17 h 43 du *BdU* est déchiffré, une grande joie parcourt l'équipage du sous-marin : le commandant Emmermann vient de recevoir la Croix de Chevalier de la croix de fer, il est félicité ainsi que ses hommes !

Le **29 novembre** en matinée, un cargo rapide naviguant à 17 nœuds est aperçu en plein jour, mais l'*U-172* ne peut se placer sur son avant, et la poursuite est abandonnée. Un second navire est découvert en fin d'après-midi, mais quand la nuit tombe, il allume tous ses feux. C'est un navire espagnol, donc neutre. Avec seulement deux torpilles à bord, l'*U-172* fait route vers la France, cap à l'Est ! Le **2 décembre**, encore un neutre, sous pavillon suisse cette fois. Le lendemain à midi, un message du *BdU* indique à Emmermann qu'il pourra être ravitaillé de 55 min 3 s de carburant par l'*U-461*, dans cinq jours dans le carré ER 5555. Le **8 décembre**, date prévue du ravitaillement, à 9 h 14 le sous-marin d'Emmermann aperçoit l'*U-126* de Bauer et l'*U-159* de Witte. À 12 h 30, deux nouveaux *U-Boote* en vue : l'*U-461* et l'*U-161*. Arrêt à la vache à lait à 15 h, en trois heures l'opération est terminée ; de la nourriture pour sept jours a également été perçue. Aux premières heures du **9 décembre**, un message radio signale un convoi découvert par les services allemands de décryptage *B-Dienst*. Emmermann calcule qu'il pourrait se placer sur sa route, dans le carré ER 15, en naviguant à 300° à une vitesse de 10 nœuds. Le lendemain, seuls deux bateaux neutres suédois sont aperçus. Le **11 décembre**, l'*U-172* navigue en zigzag, 10 miles vers le nord, 10 miles vers le Sud, pour essayer de repérer le convoi. À 18 h, Emmermann annonce à son officier en second « *Si nous ne l'avons pas découvert à 20 h nous prenons la route du retour* ». Il est finalement aperçu à 19 h 30 par les veilleurs dans le carré ER 2422 ! C'est la première fois que l'*U-172*, habitué à découvrir des bateaux naviguant isolément, se trouve face à un tel convoi, trois files de cargos qui viennent droit sur eux... Mais le submersible n'a plus que deux torpilles dans ses tubes arrière... Il plonge à 20 h 19 pour une attaque en immersion. Le convoi est gardé par des escorteurs positionnés à l'avant et sur les côtés ; le commandant regarde au périscope avec anxiété les destroyers de tête passer à quelques centaines de mètres... Des rafales de pluie diminuent considérablement la visibilité, parfois jusqu'à 100 ou 200 mètres seulement... Puis les cargos arrivent, deux colonnes sont bien visibles. Soudain, un destroyer semble venir droit sur eux ! Le submersible, à seulement 2 000 mètres des cargos, fait un demi-tour et le commandant donne l'ordre de tirer ses deux torpilles restantes dans les tubes arrière à 21 h 16, en direction des bateaux en colonne. Aussitôt après, fuite en plongée ! Deux détonations sont clairement entendues à bord au bout de 03 min 5 s et 3 min 35 s À 21 h 43, l'*U-172* est visé par six grenades anti sous-marin mal placées et ne subit aucun dégât ; d'autres explosions lointaines sont entendues pendant 20 minutes. Puis à 22 h 10, des bruits de naufrage sont entendus, probablement l'un des deux bateaux touchés qui a coulé. Le submersible s'éloigne à petite vitesse vers l'Est, fait surface aux premières heures du 12 décembre et suit le même cap. La destruction probable de deux bateaux de 8 000 et 4 000 tonnes est communiquée par radio – ce qui ne sera pas confirmé côté allié. L'Atlantique est traversé sans problème, Noël est fêté à bord. Lorient est atteint le 27 décembre à 8 h. Les résultats annoncés sont de huit bateaux coulés pour 61 003 tonnes, deux torpillés pour 12 000 tonnes. Durée de la mission 131 jours, 19 493 miles en surface, 606 en immersion. Le commandant Emmermann passe par Paris pour faire son rapport personnel à l'amiral Doenitz et recevoir sa Croix de Chevalier ■

Carte du Noël 1942 signée par le chef de la 10e Flottille, Kuhnke. LB

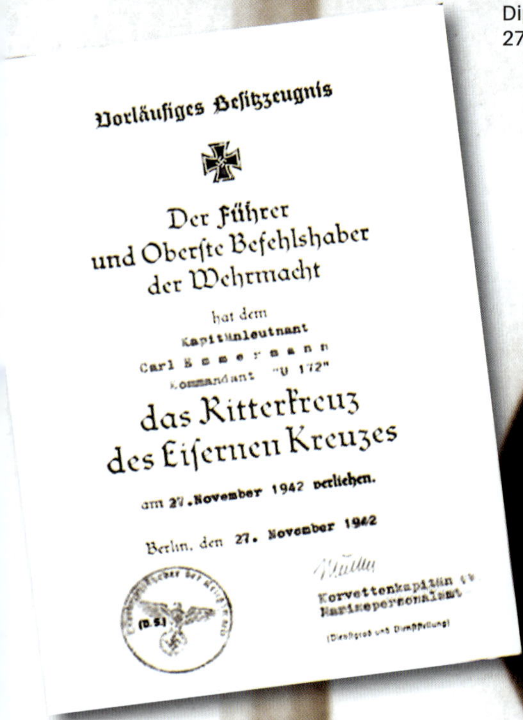

Vorläufiges Besitzzeugnis

Der Führer
und Oberste Befehlshaber
der Wehrmacht

hat dem
Kapitänleutnant
Carl Emmermann
Kommandant "U 172"

das Ritterkreuz
des Eisernen Kreuzes

am 27. November 1942 verliehen.

Berlin, den 27. November 1942

Korvettenkapitän u.
Marinepersonalamt

(Dienstgrad und Dienststellung)

Diplôme de la Croix de Chevalier décernée le 27 novembre à Carl Emmermann. DR

Après son rapport à l'*Admiral* Doenitz à Paris où il a reçu sa Croix de Chevalier, le 29 décembre au soir Carl Emmermann va prendre le train de nuit pour Frankfurt. Il arrivera chez lui à Kronberg le 30 vers minuit où il retrouvera son épouse, avec qui il pourra fêter la Saint-Sylvestre le lendemain soir. UBA

# QUATRIÈME PATROUILLE : EN MEUTE AUTOUR DES AÇORES

Après un mois et demi d'entretien aux chantiers navals, l'*U-172* perçoit torpilles, munitions, carburant et vivres pour la prochaine patrouille. En compagnie de l'*U-515* de Henke, il quitte Lorient le 21 février 1943 à 16 h. Les deux *U-Boote* partent chacun de leur côté trois heures plus tard. Le 23 février à 13 h 40, alors que l'*U-172* traverse le Golfe de Gascogne en immersion à 140 mètres de profondeur, les bruits d'hélice d'un destroyer sont entendus... Sa distance est estimée à environ 8 000 mètres. L'*U-172* s'éloigne sans faire de bruit... À 15 h 20, plusieurs explosions de grenades sont entendues au loin. Le sous-marin fait surface dans l'obscurité à 20 h 05. Le 24 février à 3 h 55, sirène à bord : l'appareil Metox, dont il vient d'être doté à Lorient, a détecté un radar allié en marche sur un avion, l'*U-172* plonge sans même l'avoir aperçu. À peine sorti du golfe de Gascogne, un message est capté le 26 février en début de soirée, ordonnant à Emmermann de se rendre à vitesse rapide dans le carré BE 9489 pour porter assistance à l'*U-508* de Georg Staats qui se trouve dans l'incapacité de plonger. Durant la nuit, les deux *U-Boote* avancent vers l'ouest pour s'écarter au maximum du danger aérien. Le point de rendez-vous est fixé à midi le 28 février, dans le carré BD 9595. Des bouteilles d'acétylène et d'oxygène sont transférées vers l'*U-508* où des soudures sont effectuées à trois endroits ; il pourra traverser le Golfe de Gascogne pour rentrer à Lorient. Dans le même temps, 20 min 3 s de carburant sont transférés sur l'*U-172* par dinghy. L'opération dure jusqu'à 18 h 40 le 1$^{er}$ mars ! Puis le sous-marin d'Emmermann continue vers l'ouest. Aux premières heures du 3 mars, l'ingénieur principal Lothar Dick a tellement mal à l'estomac que le radio demande une assistance ; la réponse arrive en fin de journée, un ingénieur principal de remplacement n'est pas disponible, un rendez-vous sera programmé plus tard avec un médecin à bord d'un autre sous-marin... Le 4 mars à 6 h 30, les veilleurs dans le kiosque aperçoivent un gros vapeur estimé à 9 000 tonnes dans le carré CD 3239, naviguant à au moins 16 nœuds. Avec une telle vitesse et l'aube qui approche, l'attaque doit être immédiate. Vu sa taille, le commandant décide de lancer trois torpilles simultanément des tubes I, III et IV. Réglées à 4 mètres de profondeur, elles sont tirées à 6 h 59 vers l'objectif estimé à 1 000 mètres de distance. Après une course de 1 min 40 s, la première explose sur l'arrière, la deuxième à l'avant 10 secondes plus tard. Le bateau explose aussitôt en l'air, créant une flamme blanche d'au moins 500 mètres de haut ! Des débris sont projetés à

Page de gauche : Départ de Lorient pour la 4$^{e}$ patrouille le 21 février 1943. Pour la première fois, un changement intervient auprès des officiers : l'officier en 3$^{e}$ Hermann Hoffmann est promu officier en second, sa place est prise par l'*Oberleutnant-zur-See* Klaus Häcklander. UBA

Le golfe de Gascogne est traversé en immersion durant la journée, l'ingénieur principal Dick surveille la manœuvre aux barres de plongée. Quand le sous-marin naviguera en surface pendant la nuit pour recharger ses batteries, la sonnerie d'un détecteur de radar Metox devra prévenir l'équipage si un avion approche. C'est ce qui arrive le 24 février, le submersible peut se réfugier en profondeur sans même que l'avion ait été aperçu. UBA

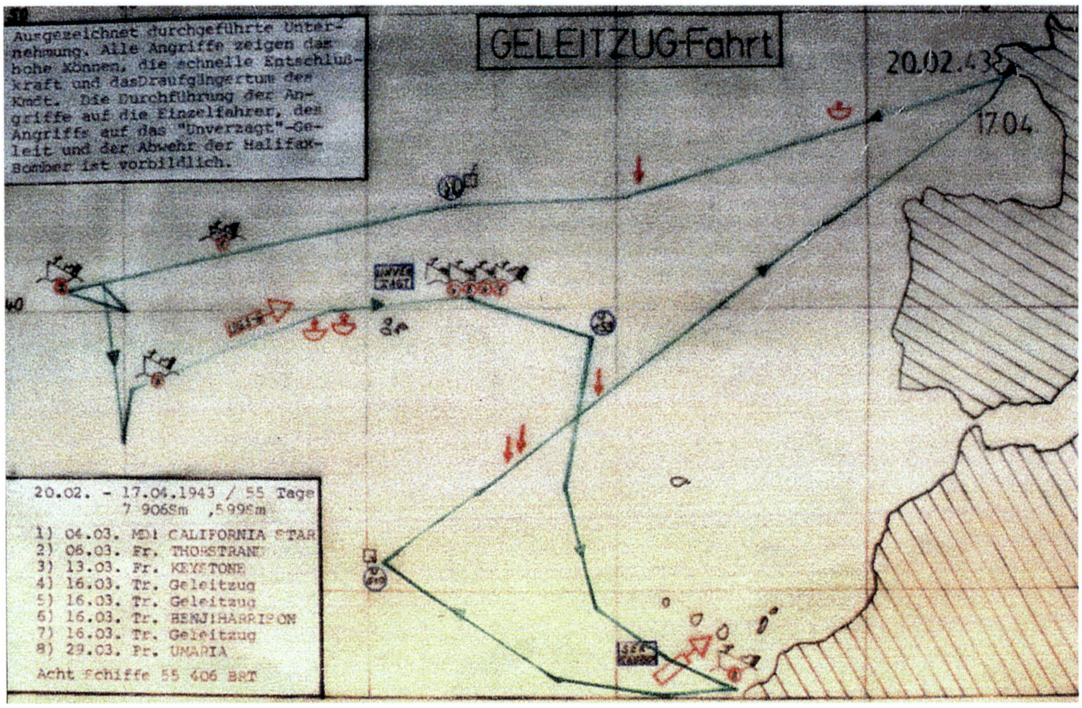


Carte de la 4e mission surnommée « la patrouille des convois ». Heinz Trompelt/UBA

plusieurs milliers de mètres, le cargo a été littéralement désintégré ! L'*U-172* attend le lever du jour pour aller inspecter les débris, le nom de l'armateur « Ellerman LtD » est découvert, il en est déduit qu'il devait s'agir du cargo *City of Manchester* de 8 900 tonnes, transportant des munitions ; puis le sous-marin continue sa route vers l'ouest. Un message radio signale qu'un ingénieur de remplacement est disponible sur... l'*U-159* de Witte !

Le 6 mars à 17 h 45, les mâts d'un bateau sont aperçus dans le carré CD 2488 ; il avance à grande vitesse. Emmermann décide de le garder en vue et de l'attaquer en surface durant la nuit. À 22 h, le bateau vire soudain de bord vers le Nord-Ouest et vient lui-même se positionner devant l'*U-172* ! Tir simultané de trois torpilles à 23 h 07, en moins d'une minute deux d'entre elles explosent sur l'avant et dans la salle des machines, les embarcations de sauvetage sont descendues alors que le bateau s'enfonce par l'arrière. Ce second cargo coulé était le norvégien *Thorstrand* de 3 041 tonnes qui se rendait de Liverpool à St-John's, avec 1 500 tonnes de marchandises. L'*U-172* repart vers l'Est. Le 7 mars, cinq torpilles stockées sous le pont sont descendues à l'intérieur. Le 9 mars au soir, un message radio demande à Emmermann de se diriger vers le carré DF 24, donc vers le Sud. Le lendemain, un second message précise qu'il doit se placer en position d'éclaireur, avec d'autres *U-Boote* de la meute *Unverzagt*, dans l'attente d'un convoi allant vers l'Est attendu pour le 12 mars. Ce jour-là, l'*U-172* devra patrouiller à une vitesse de 5 nœuds à partir de 10 h, entre les carrés CD 8381 et DF 2221... L'équipage se pose des questions, leur submersible va-t-il participer à sa première attaque en meute d'un convoi ? Le 12 mars, conformément aux ordres, l'*U-172* se trouve exactement à l'heure dans le carré demandé, et commence sa mission d'éclaireur au cap 270° à une vitesse de 5 nœuds. Mais un destroyer est signalé par Keller dès 19 h 28, puis le convoi une heure plus tard, dans le carré CD 8272 ! L'*U-172* se rend dans ce secteur à vitesse rapide. Le 13 mars à 1 h 05 des éclairs sont déjà aperçus au loin par les veilleurs : s'agit-il d'explosions de torpilles ou de tirs d'artillerie ? Jusqu'à 2 h, des détonations de grenades sont entendues. Des silhouettes sont repérées à 4 h 38, un destroyer vient droit sur eux ! Le sous-marin fait demi-tour et s'éloigne vers le Sud, mais il est poursuivi par le destroyer qui s'approche jusqu'à

Le 28 février, des bouteilles d'oxygène et d'acétylène sont apportées par dinghy vers l'*U-508*, endommagé par un *Liberator* deux jours plus tôt au nord-est des Açores. L'*U-508* de Georg Staats sera coulé le 12 novembre 1943 avec son équipage de 57 hommes. UBA

1 500 mètres... Malgré des virages vers l'ouest et le nord, le destroyer ne le lâche pas... Le commandant pense qu'il a dû le repérer avec un radar embarqué, car il était impossible de les localiser dans le noir à cette distance d'environ 8 miles. Alerte ! Emmermann donne l'ordre de plonger à 5 h, le destroyer passe plusieurs fois au-dessus du sous-marin... Puis ses bruits d'hélice s'amenuisent, il est parti avec un cap de 100°. Surface à 6 h 45, le Metox dont l'antenne en bois a été sortie sonne : le convoi, bien qu'invisible à l'œil nu, n'est pas loin. Mais le moteur diesel bâbord subit une avarie durant au moins 6 heures, du fait d'un problème au circuit de refroidissement... L'*U-172* se dirige vers le convoi sur un seul moteur. Pendant que les mécaniciens réparent le second, plusieurs messages d'autres *U-Boote* au contact sont captés ; à 15 h le moteur bâbord est réparé. À 17 h 46, des mâts sont aperçus au loin, mais il ne s'agit que d'un vapeur isolé, probablement un retardataire du convoi. Il est suivi et une première torpille est tirée par l'*U-172* à 23 h 22, qui explose dans la salle des machines à l'arrière du cargo ; son équipage descend dans les canots de sauvetage. Une seconde torpille lancée à 23 h 55 casse le bateau en deux. Emmermann reporte la destruction du *Sage Brush*, l'ancien nom du cargo américain de 5 565 tonnes rebaptisé *Keystone* deux ans plus tôt ; il transportait 6 000 tonnes de matériel de guerre, notamment des avions, des chars et des véhicules à destination de l'Afrique du Nord. La journée du 14 mars est passée à essayer de retrouver le convoi suivi par l'*U-513* de Rüggeberg. Les veilleurs de l'*U-172* le retrouvent le 15 mars à 4 h 32 dans le carré CE 4332, à l'ouest des Açores. Des éclairs de lumière et des tirs d'artillerie sont aperçus à environ 20 miles, puis un destroyer est détecté. À 8 h 55, il arrive droit sur le sous-marin... L'*U-172* part vers le Sud puis vire lentement vers l'Est, le destroyer finit par abandonner la poursuite. Emmermann doit essayer de retrouver le convoi, cap au 70... Il faut attendre 16 h 32 pour que les veilleurs découvrent... deux destroyers, probablement la protection tribord du convoi. Emmermann garde son bâtiment à la limite de visibilité pour ne pas être repéré. Malgré cela, à 19 h 05, le destroyer de tête se rapprochant dangereusement, l'*U-172* est de nouveau obligé de partir à toute vitesse vers le Sud ; trente minutes plus tard, le destroyer n'est plus visible. Un message radio de Witte signale que son attaque a été repoussée à cause de la présence de neuf destroyers modernes servant d'escorte ! Le 16 mars, Emmermann décide d'aller se positionner à l'avant du convoi, tout en restant assez loin sur tribord pour ne pas être détecté ; l'appareil Metox est utilisé : tant qu'il sonne doucement, le sous-marin s'approche, dès qu'il sonne plus fort, il s'éloigne. Les diesels poussés au maximum, l'*U-172* dépasse le convoi puis vire pour venir se placer sur sa route. Les fumées des bateaux sont aperçues à 19 h. Trois minutes plus tard, l'*U-172* plonge pour une attaque en immersion. Comme prévu, le convoi

Le 3 mars, le radio Heinz-Isidor Kuhn demande au *BdU* d'envoyer un ingénieur principal de remplacement, Lothar Dick étant tombé malade. UBA

Dans la soirée du 16 mars, l'*U-172* qui a plongé à immersion périscopique voit arriver sur lui tout le convoi, il se retrouve en plein milieu ! LB

arrive droit sur lui ; à 20 h un escorteur passe à environ 800 mètres... Le submersible se retrouve en plein milieu des colonnes de cargos espacés chacun de 600 à 800 mètres... Emmermann se rend compte qu'il pourra tirer ses torpilles à la fois par l'avant et l'arrière ! Les bateaux sont tellement nombreux qu'ils forment comme un mur devant le périscope ! À 20 h 48, tir simultané des tubes avant I à IV vers les objectifs estimés être entre 3 000 et 4 000 mètres : un paquebot jaugé à 8 000 tonnes, le plus gros de sa colonne, et deux cargos dans la colonne derrière estimés à chacun 6 000 tonnes. Une minute plus tard, tir simultané des tubes arrière V et VI, en direction d'un grand paquebot estimé à 10 000 tonnes à seulement 1 000 mètres. Aussitôt et pour éviter d'être abordé par un cargo, plongée vers les profondeurs... L'*U-172* descend jusqu'à 210 mètres ! Pendant ce temps, les explosions sont chronométrées : les deux premières depuis les tubes arrière après 56 et 58 secondes, soit 860 mètres ; les deux suivantes après 2 min 50 s ; une 5e après 3 min 10 s, puis la 6e après 3 min 20 s Les bruits caractéristiques de deux vapeurs coulant à proximité sont clairement entendus par l'équipage peu après les premières explosions. Environ 50 grenades explosent également, mais trop loin pour être dangereuses ; le commandant a l'impression que, malgré l'Asdic, les escorteurs tournent en rond et larguent leurs grenades sans plan précis ; de toute façon, ils ne peuvent pas les larguer au milieu du convoi sous lequel le sous-marin a cherché une protection ! D'autres naufrages sont entendus, puis à 23 h, les bruits d'hélice disparaissent à 100°... L'*U-172* fait surface à 1 h 05 et s'éloigne pour recharger ses tubes. Il revient sur le lieu de la bataille en fin de matinée, beaucoup de morceaux d'au moins quatre bateaux sont éparpillés, un vestige permet d'identifier le cargo américain *Benjamin Harrison* qui transportait 4 250 tonnes de chars, de véhicules et de munitions ; des canots de sauvetage vides ou des radeaux d'au moins trois bateaux sont identifiés. Trois torpilles sont transférées dans le submersible à partir du pont supérieur. Le rapport suivant est envoyé au *BdU* : deux paquebots de 10 000 et 8 000 tonnes coulés ainsi que deux vapeurs de chacun 6 000 tonnes. Après trois journées complètes de stress, l'équipage profite du calme pour récupérer.

L'épouse du commandant, sans nouvelle depuis le début de la mission, reçoit aussitôt un télégramme annonçant son retour sain et sauf. LB

La patrouille continue, le 18 mars dans l'après-midi, un message radio du *BdU* annonce un rendez-vous le lendemain avec l'*U-159* dans le carré CF 58 pour récupérer un nouvel ingénieur principal. Le *Leutnant Ing.* Josef Hauser est récupéré en début de soirée. Les deux *U-Boote* partent ensuite vers le Sud. Le 20 mars au soir, un message radio du *BdU* ordonne à l'*U-172* de se diriger vers le carré DH 87, entre les îles Canaries et la côte africaine. Après cinq jours de navigation, un nouveau message précise qu'un convoi allant vers le Sud est attendu pour le 26 mars ; l'*U-172* est affecté à la nouvelle meute « Seeräuber » qui doit l'intercepter ; il atteint sa position d'éclaireur en DH 9873 le 25 mars à 17 h. Un nouveau message du *BdU* demande, si aucun sous-marin n'intercepte le convoi avant 1 h du matin le 27 mars, que la meute se déplace vers le Sud. Aucun bateau n'ayant été aperçu, l'*U-172* atteint sa nouvelle position en DU 2533 à 8 h. Durant la journée, seuls des bateaux portugais ou espagnols sont identifiés... Le 28 mars à 9 h 26, le convoi est signalé par l'*U-513* dans le carré DU 2532. L'*U-172* se dirige vers lui à vitesse rapide, les colonnes de bateaux sont découvertes à 10 h 15. Plusieurs *U-Boote* sont aperçus durant la manœuvre pour se placer sur son avant. À 13 h 44, plongée pour attaque en immersion. Le commandant comptabilise une dizaine de vapeurs qui s'approchent dont trois gros paquebots sur l'avant, ainsi que de nombreuses corvettes en protection. Soudain, alors qu'Emmermann s'apprêtait à donner son ordre de tir, à 14 h 48 une gigantesque explosion détruit le gros cargo juste devant lui qui éclate en morceaux, un transport de munitions ! Situé à seulement 2 000 mètres, l'*U-172* est sérieusement secoué ; un autre *U-Boot* a été plus rapide que lui. Aussitôt, les bateaux partent dans toutes les directions ! Emmermann estime qu'il doit agir immédiatement pour avoir une chance d'en toucher au moins un. À 14 h 51, il donne l'ordre de tirer quatre torpilles... qui ne partent pas ! Le système de lancement a probablement été endommagé par l'explosion survenue à proximité. Plongée à 210 mètres et marche vers l'ouest. Quarante minutes plus tard, l'équipage entend neuf grenades anti sous-marin exploser, visant certainement l'autre *U-Boot* qui a coulé le transport de munitions ; le bruit est si fort que le commandant pense à un nouveau modèle de *Wabos – Wasser Bomben*. Puis huit nouvelles grenades sont tirées à 15 h 50, treize autres encore jusqu'à 16 h 55. L'*U-172* fait surface à 18 h 25 et prend un cap de 270°. À 20 h 58, trois vapeurs sont découverts au loin, le submersible profite de l'obscurité pour s'approcher... un destroyer est aussi repéré, ainsi qu'un paquebot estimé à 7 000 tonnes. Les escorteurs positionnés sur l'arrière et sur tribord du convoi empêchant l'*U-172* d'approcher, Emmermann décide de se porter sur l'avant du convoi pour son attaque visant le paquebot. Alors qu'un destroyer se dirige droit vers lui, à 23 h 19, Emmermann donne l'ordre de tirer une torpille... qui encore une fois ne quitte pas son tube. L'*U-172* s'éloigne pour réparer l'avarie et revient au contact. Le 29 mars à 0 h 06, tir double des tubes III et IV vers le bateau estimé être à 2 000 mètres ; grosse et haute explosion sur l'arrière du bateau après 1 min 20 s ; il coule par l'arrière tout en brûlant. Il s'agissait du cargo belge *Moanda* de 4 621 tonnes, naviguant au ballast. L'escorteur envoie une fusée verte qui éclaire la scène, l'*U-172* part alors vers le Sud.

Une avarie au compresseur d'air des moteurs électriques survient, irréparable sans la bouteille d'acétylène transférée sur l'*U-508* en début de patrouille. Un message de demande d'aide est envoyé au *BdU*. La réponse arrive : l'*U-67* va pouvoir l'aider, un premier rendez-vous est convenu pour le 30 mars en début d'après-midi ; un second est prévu avec l'*U-154* pour que l'*U-172* récupère son ingénieur principal, car celui qui avait été transféré de l'*U-159* est tombé malade à son tour ; un troisième rendez-vous sera organisé lors du retour pour que l'*U-172* transfère une partie de son carburant à l'*U-510* afin de lui permettre de rentrer au port. Le 30 mars, la pièce défectueuse du compresseur d'air est apportée à bord de l'*U-67* où elle est soudée dans l'après-midi. L'avarie est réparée, le retour commence. Le 1er avril en début d'après-midi, l'*U-154* du commandant Kusch est rejoint, l'*Oberleutnant Ing.* Reinicke est récupéré pour remplacer Hauser, c'est le troisième ingénieur à bord ! L'*U-510* est aperçu le 4 avril, mais la mer de force 4-5 empêche un transfert de carburant ; les deux *U-Boote* avancent ensemble vers le nord dans l'attente d'une accalmie. Le transfert de 41 min 3 s de carburant se déroule le lendemain 5 avril, l'opération dure plus de sept heures ! La route du retour reprend. Le 7 avril, alors que le sous-marin avance tranquillement en surface, soudain à 14 h 20 un bombardier *B-24* surgit venant du soleil ! Il a dû les repérer au radar ! Trop tard

Les ingénieurs Dick et Hauser, à gauche, profitent du soleil de Larmor Plage pour se refaire une santé. Au centre en uniforme, le reporter de guerre Helmut Berndt qui va embarquer sur l'*U-172* pour sa prochaine mission. LB

pour plonger, l'avion s'approche déjà. Le commandant ordonne de tirer au canon antiaérien de 20 mm et avec les mitrailleuses. Après un premier passage, l'avion fait demi-tour et survole le submersible assez haut pour rester hors de portée des obus de 20 mm. Pendant que l'*U-172* vire vers l'ouest, Emmermann donne l'ordre surprenant d'utiliser le canon de pont de 105 mm en anti-aérien ! Le *B-24* reste à distance tout en tirant inefficacement. Puis à 15 h un second *B-24* arrive ! L'un d'entre eux essaie d'approcher mais est repoussé par un tir bien placé du canon de 105 ! À 15 h 30, l'un des deux bombardiers, volant entre 2 000 et 3 000 mètres d'altitude, largue trois bombes vers le sous-marin, mais elles sont défectueuses ! Puis à 15 h 55, il refait un passage, trois nouvelles bombes qui cette fois explosent de chaque côté de l'*U-172* qui manœuvre dans tous les sens ! Le second bombardier attaque à son tour et largue six bombes à 16 h, trop loin... Apparemment leurs soutes sont vides, à 16 h 20, les deux bombardiers repartent vers l'Est. Lorsque le dernier est à 6 000 mètres de distance, plongée et descente à 100 mètres. Puis le submersible vire de 40° et s'éloigne sur ses moteurs électriques à 130 mètres de profondeur. L'équipage fête joyeusement le fait d'avoir réussi à repousser ces attaques pendant deux heures, sans perte ! Surface à 22 h 08, miraculeusement aucun dégât n'est constaté à bord. Encore une alerte aérienne le 8 avril à 20 h 50, puis plus rien à signaler jusqu'à l'arrivée à Lorient le 17 avril à 7 h 55. L'*U-172* va se mettre à l'abri dans l'alvéole K 13 de Kéroman III. En 55 jours, il a parcouru 8 505 miles et le commandant annonce huit bateaux coulés pour 54 600 tonnes. Bien que courte, cette mission a été la plus éprouvante jusqu'à présent pour les nerfs de l'équipage. Les permissions, qui commencent deux jours après l'arrivée en deux tours, sont les bienvenues ■

Le cargo *City of Pretoria* est coulé par l'*U-172* le 4 mars, et non le *City of Manchester* comme le présume l'équipage; tous les deux naviguaient pour la même compagnie londonienne *Ellerman & Bucknall SS Co Ltd*. D'un tonnage de 8 049 tonnes, chargé à New York, il transportait 7 032 tonnes de cargaison, notamment des explosifs, vers Liverpool. C'est pour cela qu'il a explosé lorsqu'il a été touché par la seconde torpille de l'*U-172*. Il n'y a pas eu de survivant. Le souffle a été tellement fort que les casquettes des officiers dans le kiosque se sont envolées sur le pont ! DR

Un second cargo est aperçu deux jours plus tard à 17 h 45, l'attaque du *Thorstrand* aura lieu après la tombée de la nuit. UBA

Le cargo américain *Keystone*, retardataire du convoi UGS-6, est coulé par deux torpilles le 13 mars 1943 à l'ouest des Açores. Parti de New York, il transportait 6 000 tonnes de matériel de guerre vers Alger : des avions, des chars, des véhicules et du carburant. DR

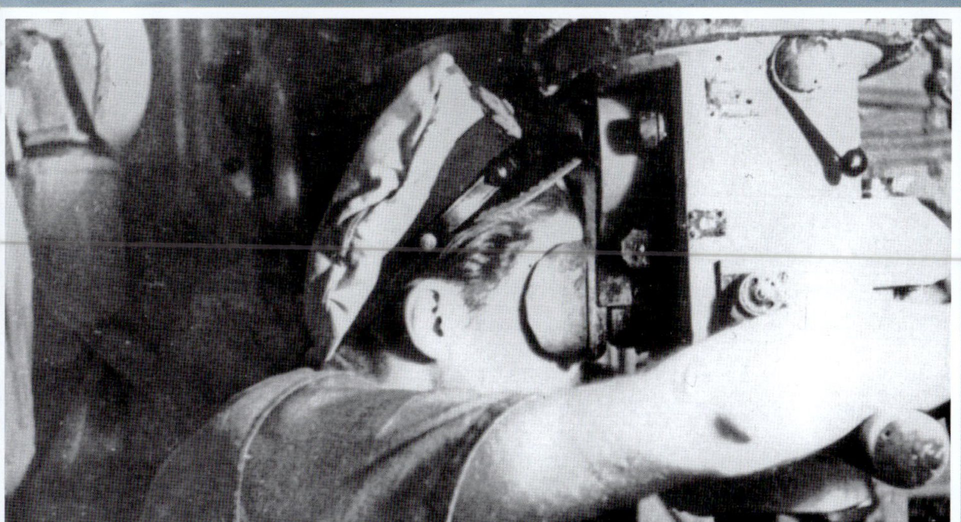

Jn second cargo est aperçu deux jours plus tard à 17 h 45, l'attaque du *Thorstrand* aura lieu après la ombée de la nuit. UBA

Après avoir été repoussé par les escorteurs le 15 mars, Emmermann décide le lendemain de pousser au maximum les deux moteurs diesel surnommés « Rackl et Dackl » afin de remonter le convoi et d'aller se positionner sur sa route. UBA

Le *Benjamin Harrison* coulé le16-03-43.

En réalité, seul le *Benjamin Harrison*, identifié par un débris flottant, a été coulé par les torpilles de l'*U-172*. Dans les cales de ce cargo se trouvaient principalement des chars, des véhicules et des munitions à destination du front d'Afrique du Nord. Les autres explosions entendues provenaient vraisemblablement de détonations de grenades anti sous-marin. UBA

Le 18 mars, l'*U-172* retrouve l'*U-159* de Witte pour récupérer l'ingénieur Josef Hauser. L'antenne en bois du détecteur de radar Metox, surnommée *Biskaya Kreuz*, est sortie. LB
En médaillon : L'emblème de l'*U-159*. UBA

Le nouveau *LI* Josef Hauser monte dans le kiosque. Il va tomber malade à son tour et sera remplacé par un 3e ingénieur le 1er avril ! UBA

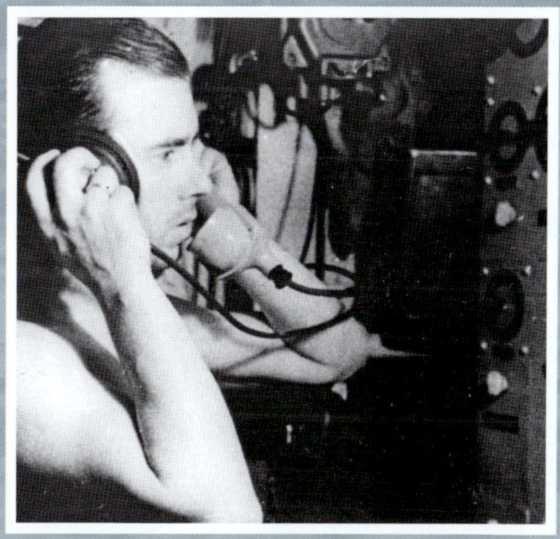

Le 29 mars à 6 h 46, une avarie est signalée au compresseur d'air des moteurs électriques. Sans bouteille d'acétylène, la réparation est impossible. UBA

L'*U-172* a été affecté à la nouvelle meute « Seeräuber » entre les Canaries et la côte africaine pour chasser le convoi RS-3. Aux premières heures du 29 mars, il coule le cargo belge *Moanda* mais doit s'éloigner car un destroyer a tiré une fusée qui éclaire l'océan. LB

Le 30 mars, la pièce défectueuse du compresseur est transférée vers l'*U-67*. UBA

En médaillon : L'emblème de l'*U-67*. UBA

Pendant la soudure, le commandant de l'*U-67* Günther Müller-Stockheim a pris place sur le dinghy pour rendre visite à l'*U-172*. UBA

⬆ Müller Stockheim discute avec Emmermann. Il décédera le 16 juillet 1943 avec 47 membres de son équipage ; il n'y aura que 3 survivants. UBA

Le 5 avril, 41 min 3 s de carburant sont récupérés à partir de l'*U-510*. Emmermann discute avec son commandant Karl Neitzel. UBA

La surveillance est axée principalement vers le ciel vers lequel sont pointés les deux canons antiaériens de 20 mm... UBA

Le 7 avril 1943, l'*U-172* est attaqué par deux bombardiers *B-24D* du *1 st anti submarine Squadron*, armés chacun de six bombes de 114 kg d'explosif au torpex. Le premier bombardier, piloté par le *1st Lieutenant* W.E. Thorne, a eu un contact radar à 14 h 13 à une distance de 48 km ! L'*U-172* en surface a été découvert visuellement à 14 h 21, l'avion est descendu à 150 mètres et, quand il est arrivé à 900 mètres du submersible, il a été pris sous le feu des canons antiaériens et du canon de pont ! Obligé de rester à plus de 750 mètres, il a appelé de l'aide par radio. Le second bombardier piloté par le *2nd Lieutenant* H.C. Easterling est arrivé à 15 h. Le premier a attaqué à 15 h 30, volant à 1 400 mètres à 320 km/h il a largué trois bombes tombées à moins de 100 mètres sur l'arrière de l'*U-172*, mais elles étaient défectueuses et n'ont pas explosé ; lors de son second passage à la même vitesse, les trois bombes larguées ont explosé à 180 mètres de chaque côté du sous-marin. A 16 h, le second bombardier a attaqué à 1 000 mètres d'altitude à une vitesse de 280 km/h ; ses bombes larguées manuellement ont explosé, les quatre premières à 180 mètres dans le sillage de l'*U-172*, les deux autres à seulement 45 mètres (photo). NA

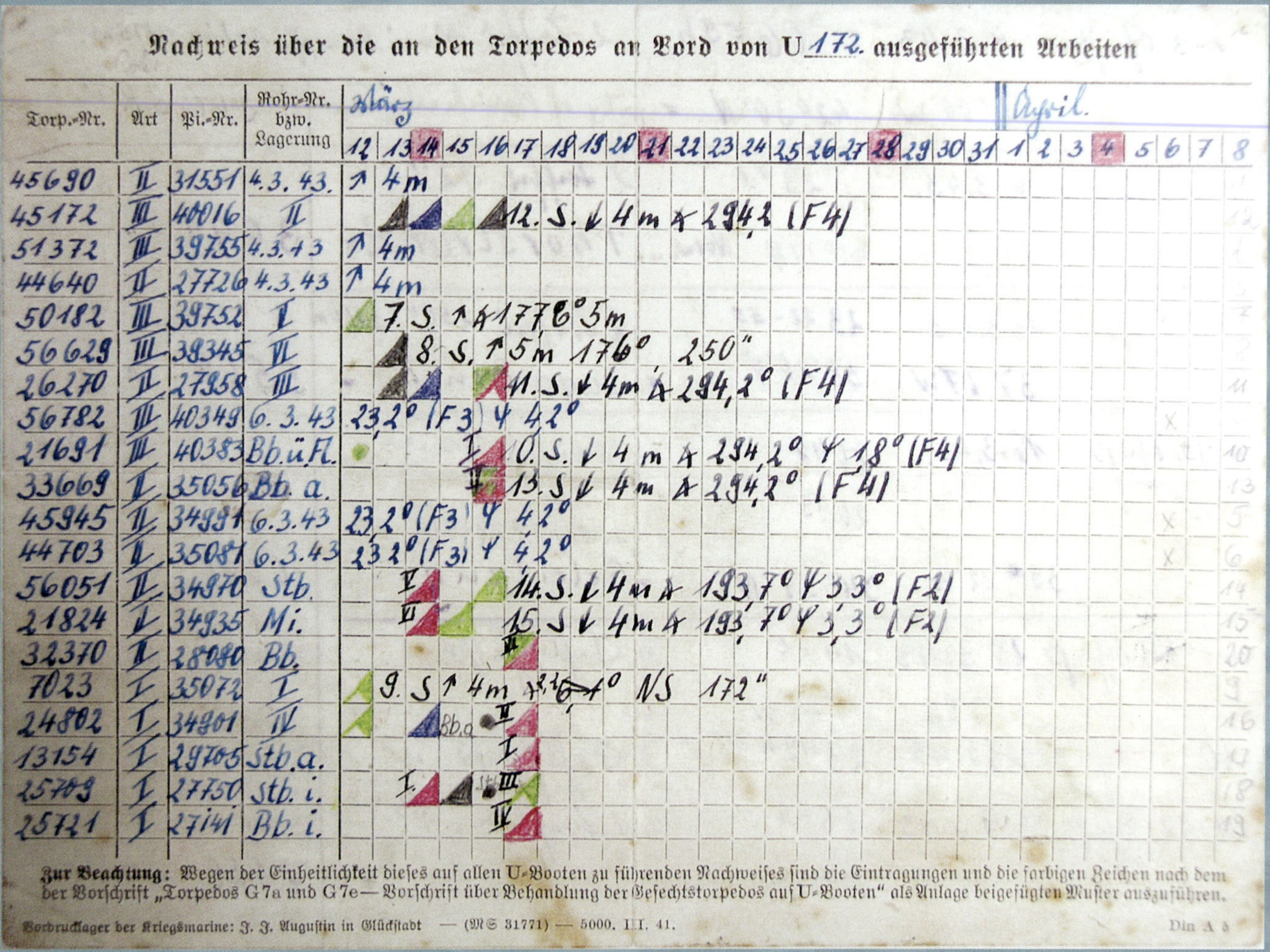

Nachweis über die an den Torpedos an Bord von U 172 ausgeführten Arbeiten

| Torp.-Nr. | Art | Pi.-Nr. | Rohr-Nr. bzw. Lagerung | März 12–31 / April 1–8 |
|---|---|---|---|---|
| 45690 | II | 31551 | 4.3.43 | ↑ 4m |
| 45172 | III | 40016 | II | 12. S. ↓ 4m ∡ 294,2 (F4) |
| 51372 | III | 39755 | 4.3.43 | ↑ 4m |
| 44640 | II | 27726 | 4.3.43 | ↑ 4m |
| 50182 | III | 39752 | I | 7. S. ↑ ∡ 177,6° 5m |
| 56629 | III | 39345 | II | 8. S. ↑ 5m 176° 250" |
| 26270 | II | 27958 | III | 11. S. ↓ 4m ∡ 294,2° (F4) |
| 56782 | III | 40349 | 6.3.43 | 23,2° (F3) ∢ 42° |
| 21691 | III | 40383 | Bb.ü.Fl. | I 10. S. ↓ 4 m ∡ 294,2° ∢ 18° (F4) |
| 33669 | I | 35056 | Bb. a. | II 13. S. ↓ 4m ∡ 294,2° (F4) |
| 45945 | II | 34891 | 6.3.43 | 23,2° (F3) ∢ 42° |
| 44703 | I | 35081 | 6.3.43 | 23,2° (F3) ∢ 42° |
| 56051 | I | 34970 | Stb. | V 14. S. ↓ 4m ∡ 193,7° ∢ 33° (F2) |
| 21824 | I | 34935 | Mi. | VI 15. S ↓ 4m ∡ 193,7° ∢ 3,3° (F2) |
| 32370 | I | 28080 | Bb. | III |
| 7023 | I | 35072 | I | 9. S ↑ 4m [illegible] NS 172" |
| 24802 | I | 34901 | IV | Bb.a. II |
| 13154 | I | 29705 | Stb.a. | I |
| 25703 | I | 27750 | Stb. i. | I. III |
| 25721 | I | 27141 | Bb. i. | IV |

Zur Beachtung: Wegen der Einheitlichkeit dieses auf allen U-Booten zu führenden Nachweises sind die Eintragungen und die farbigen Zeichen nach dem der Vorschrift „Torpedos G 7a und G 7e — Vorschrift über Behandlung der Gefechtstorpedos auf U-Booten" als Anlage beigefügten Muster auszuführen.

Bordrucklager der Kriegsmarine: J. J. Augustin in Glückstadt — (M S 31771) — 5000. III. 41. Din A 5

Tableaux des torpilles tirées par l'*U-172* en mars 1943. UBA

L'*U-172* se dirige vers l'alvéole K 13 de Kéroman III. Les sous-marins qui arrivent à cette époque peuvent bénéficier de 30 places protégées dans les bases bétonnées construites par l'*Organisation Todt* : une dans un *Dombunker*, quatre dans la petite base du Scorff toujours en eau, cinq dans Kéroman I, sept dans Kéroman II, au sec, et treize dans Kéroman III. UBA

Remise de décorations dans l'*Hundius Kaserne* endommagée par les bombes. Le *Bootsmannmaat* Herbert Plottke raconte la suite : « *Deux jours après l'arrivée, c'est le départ en permission pour la moitié de l'équipage. Je partirai avec le deuxième groupe, pour l'instant nous devons déménager tout ce qui se trouve à l'intérieur du sous-marin afin d'avoir un peu de temps libre. Quoiqu'il arrive, un sous-officier et quatre matelots doivent assurer la surveillance du U-Boot aux chantiers pour éviter des sabotages. Quand c'est mon tour de garde la nuit, j'ai trouvé un système pour pouvoir dormir un peu dans ma couchette : j'accroche une corde à mon pied reliée à ceux qui sont en poste dans le kiosque, s'il se passe quelque chose ils n'ont qu'à tirer sur la corde pour me réveiller ! Le temps d'entretien aux chantiers navals dure en moyenne quatre semaines, quand il n'y a pas de dégâts particuliers. Quand les premiers partis en permission reviennent, l'autre moitié s'en va et revient quelques jours avant le départ pour le chargement. Les derniers jours, nous sortons beaucoup et buvons aussi, personne ne sait si le prochain voyage ne sera pas le dernier...* ». UBA

Le commandant Emmermann, à droite, accompagne Rösing chef des sous-marins à l'Ouest, Kals chef de la 2e Flottille et le commandant de l'*U-43* Schwantke pour aller en visite à Brest, en chemin ils s'arrêtent visiter le village typique de Locronan. Coll. UBA

Villa Sevenne à Kernevel fin mai 1943. Rencontre avec le général parachutiste Ramcke invité par le chef de la 10e Flottille Kuhnke. Les officiers discutent de l'abandon temporaire du théâtre d'opérations de l'Atlantique Nord ordonné par l'Amiral Doenitz le 24 mai, suite à la perte de 33 *U-Boote* depuis le début du mois ! UBA

# CINQUIÈME PATROUILLE : AU LARGE DES CÔTES DU BRÉSIL

Aidé par trois remorqueurs du *KMW*, l'*U-172* quitte la petite base du Scorff à 13 h 45 pour une nouvelle mission. Pour affronter les dangers de l'aviation alliée lors de la traversée du golfe de Gascogne, il sortira de Lorient en compagnie des *U-508* et *U-530*. Le *Bootsmannmaat* Herbert Plottke détaille l'armement du sous-marin avant le départ, en coordination avec la 10e Flottille : « *Tout d'abord, avec l'aide de matelots, le mécanicien des torpilles charge de 22 à 24 torpilles dans les compartiments avant et arrière, ainsi que dans les tubes de réserve sous le pont. Tout cela est vérifié par l'officier en second qui est responsable des torpilles. L'équipe technique dirigée par l'ingénieur principal et ses machinistes vérifie le chargement du carburant, de l'huile et de l'eau potable. Le timonier, qui est l'un des premiers à savoir où va se dérouler notre mission, arrive avec les cartes. Après c'est le chargement des munitions sous la responsabilité de l'officier en 3e : des obus sont rangés dans des tubes sous le pont, mais des caisses sont aussi transportées à bord du sous-marin, partout où il y a de la place. En plus des munitions pour nos canons, il en faut pour nos armes individuelles : deux mitrailleuses MG 34, deux pistolets-mitrailleurs, six pistolets Mauser 7,65 mm pour les officiers et deux sous-officiers. Le ravitaillement arrive seulement à ce moment, sous la responsabilité du timonier et du cuisinier. Tout le monde est appelé pour participer au chargement qui remplit complètement les derniers espaces encore libres, notamment l'une des deux toilettes. Tout doit être solidement amarré pour ne pas tomber en cas de grosse mer. En tout, plusieurs tonnes de divers matériels, de vivres et de carburants sont embarquées, pour un voyage d'au moins trois mois...* ».
Coll. Anthony Guychard

Pendant un mois et demi aux chantiers de Lorient, l'*U-172* a subi plusieurs transformations : une plateforme arrière lui a été ajoutée pour accueillir un second canon antiaérien de 20 mm, le canon arrière de 37 mm a été enlevé ; pour remplacer le détecteur de radar Metox qui émettait lui-même des ondes captées par les radars alliés, un autre système de détection a été installé avec une antenne métallique. Le **29 mai** 1943 à 13 h 45, l'*U-172* quitte Lorient en compagnie de l'*U-508*. Une première escorte, formée de deux briseurs de blocus, les accompagne ; à 15 h 30, une mine explose entre les deux bateaux ! Arrivés au point *Laterne* à 16 h 48, trois dragueurs de mines prennent le relais pour la suite de l'escorte. Les deux *U-Boote* sont rejoints par l'*U-530*. Le mécanicien Egon Bender, qui s'est brûlé lors d'un court-circuit sur une torpille électrique, est transféré sur le dragueur M-21. À 20 h 15, deux dragueurs ayant eu des avaries, les trois escorteurs rentrent prématurément au port. Les deux sous-marins doivent continuer seuls sans escorte. De nouvelles mesures de sécurité ont été prises pour la traversée du golfe de Gascogne : contrairement aux précédentes missions, l'*U-172* plonge à 70 mètres dès le **30 mai** à 2 h 15 et avance sur ses moteurs électriques pendant quasiment neuf heures. Il fait surface en pleine journée à 12 h 58 pour recharger ses batteries, pendant deux heures, et repart en immersion pour les neuf heures suivantes avant de refaire surface en pleine nuit pour deux heures. Évidemment, avec cette méthode, la traversée est plus longue... Et elle n'empêche pas les attaques tellement les avions alliés sont nombreux à survoler ce secteur : alors que l'*U-172* vient de faire surface dans le carré BF 7288 le **2 juin** à 16 h 37, il est surpris seulement cinq minutes plus tard par un bombardier *Halifax* perçant un nuage à 3 000 mètres seulement... Trop tard pour plonger, les armes antiaériennes sont prêtes, la mitrailleuse double dans le kiosque tire dans sa direction... L'avion passe à 1 000 mètres au-dessus du submersible sans larguer de bombes, il va certainement manœuvrer pour faire demi-tour ! Emmermann ordonne une plongée immédiate à 16 h 43 lorsque l'avion les dépasse. Deux minutes plus tard, six bombes explosent au-dessus de l'*U-172* qui a déjà atteint une profondeur de 80 mètres. Aucun dégât à signaler sauf une fuite d'eau légère au niveau du système d'envoi d'air dans le tube IV, une avarie réparée avec les moyens du bord. Surface à 22 h 17 pour recharger les batteries puis plongée à 23 h 50. Le lendemain **3 juin**, à peine une minute après avoir fait surface, un avion est aperçu à environ 3 000 mètres mais apparemment il n'a pas de radar branché, le sous-marin n'est pas aperçu. Le dangereux golfe de Gascogne est dépassé aux premières heures du **5 juin** ; en faisant surface

Dans le kiosque, Carl Emmermann salue ses amis venus lui dire au revoir. UBA

Le 29 mai 1943, l'*U-172* quitte son alvéole bétonnée du Scorff pour sa 5ᵉ patrouille. Une plate-forme arrière a été ajoutée pour accueillir un second canon antiaérien de 20 mm ; le canon de 37 mm du pont arrière a été enlevé. UBA

toutes les neuf heures, l'*U-172* a mis cinq jours pour la traversée, deux de plus qu'une année auparavant ! Il se dirige maintenant vers le carré DG 40 au sud-ouest des Açores, suite au message reçu la veille au soir de la part du *BdU*. Le **9 juin** peu avant minuit, dans le carré CE 9444, les fumées d'un vapeur isolé sont aperçues ; en s'approchant, un navire portugais est identifié : neutre, il est épargné.

Le **11 juin** à midi, un message radio signale à Emmermann que 30 min 3 s de carburant

Vue dans le kiosque : on aperçoit bien le périscope de veille et celui de combat. UBA

pourront lui être transférés le lendemain à partir du sous-marin ravitailleur *U-118* de Werner Czygan, dans le carré DG 4455. L'*U-172* arrive au point de rendez-vous convenu dès 4 h 50 et s'arrête. Soudain à 9 h 40, alerte ! Les veilleurs ont aperçu deux avions monomoteurs à 22° ! Comme le sous-marin se trouvait dans la direction du soleil, il n'a pas été repéré. L'*U-172* plonge à 120 mètres et poursuit sur ses moteurs électriques avant de virer à 180° au bout de 20 minutes. Mais à 11 h, plusieurs explosions de bombes d'avion sont entendues au loin. Remontée à profondeur périscopique trois heures plus tard, le commandant surveille le ciel avec le périscope de veille et aperçoit un chasseur de type *Martlet* voler au-dessus d'eux à une hauteur de 300 mètres. L'*U-172* replonge à 100 mètres et se dirige vers le Sud. Durant l'après-midi, de nombreuses explosions lointaines de bombes et de grenades sont encore entendues. Est-ce leur ravitailleur qui a été visé ? A-t-il réussi à s'en sortir ? La présence des chasseurs laisse penser au commandant qu'un porte-avions doit être à proximité. Est-il vraiment possible que les chasseurs se soient trouvés, par hasard, exactement au point de rendez-vous fixé la veille par radio ? Un message du *BdU* signale à ceux qui devaient être ravitaillés par l'*U-118* que l'opération aura lieu 100 miles plus au Sud. En fin d'après-midi l'*U-530* est en vue, tous les deux arrivent au point indiqué à 21 h ; comme l'*U-530* n'a pas été attaqué, les deux commandants présument que l'*U-118* a certainement disparu. Le **14 juin**, les deux sous-marins attendent les ordres ; un message radio du *BdU* demande à Emmermann d'attendre l'*U-118* jusqu'à l'obscurité ; le radio de l'*U-172* devra alors, par le court message

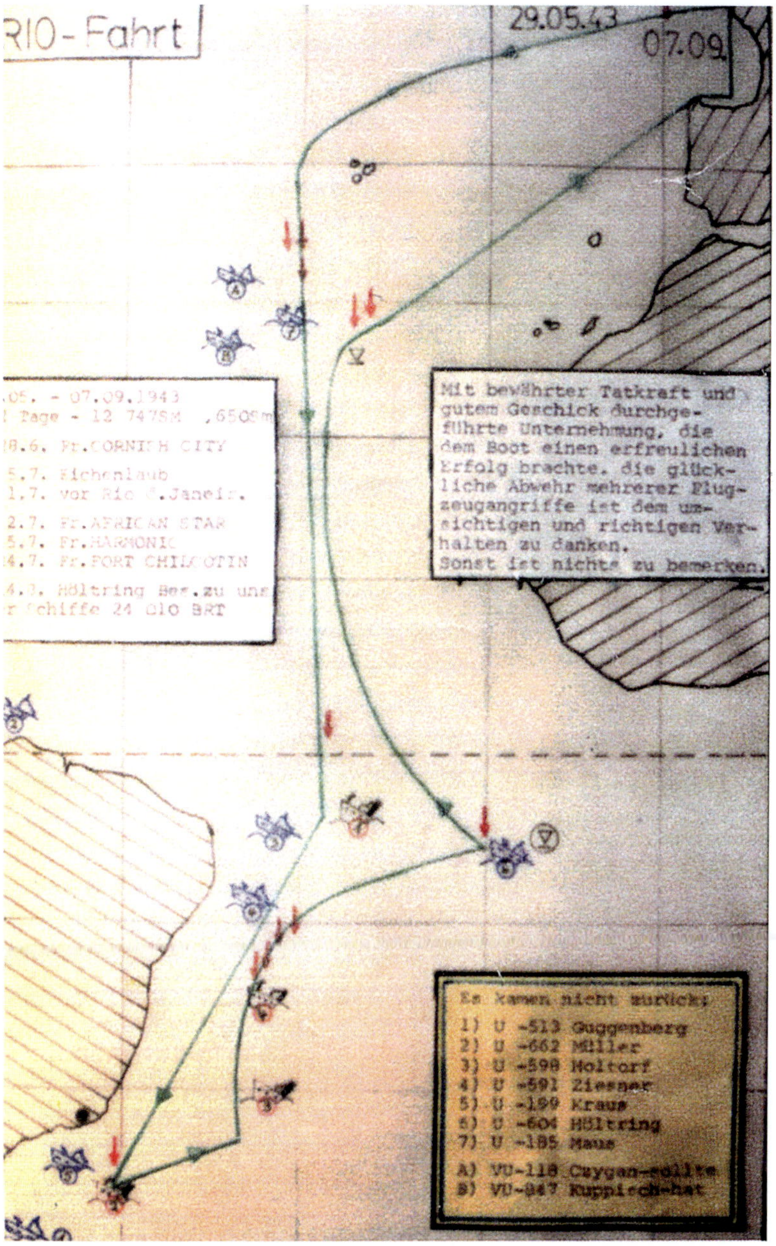

Carte de la 5e mission « La patrouille de Rio ». UBA

« Oui » ou « Non » signaler s'il est arrivé ; un message aussi bref devrait lui éviter d'être localisé par les Alliés qui utilisent des stations de radiogoniométrie. Si la réponse est positive, Emmermann devra se rendre, en compagnie de l'*U-118*, vers le nouveau point de rendez-vous dans le carré DG 7777 où sont envoyés trois autres *U-Boote* en attente de ravitaillement ; si la réponse est négative, l'*U-172* devra y aller seul. L'*U-530* part dès 13 h, les veilleurs de l'*U-172* aperçoivent aussi l'*U-572* dans l'après-midi. Le **15 juin** à 3 h 57, le court message *« Nein »* est envoyé par radio... Sans ravitailleur disponible, le *BdU* demande au sous-marin de combat *U-530* de transférer 30 min 3 s à l'*U-172* ainsi que du ravitaillement pour une à deux semaines, puis de prendre la route du retour. Le sous-marin d'Emmermann arrive au point DG 7777 le **16 juin** à 3 h 15 et s'arrête. L'*U-530* qui va servir de ravitailleur arrive à 11 h 40 ; pendant quatre heures, la nourriture est transbordée par dinghies sur l'*U-172*, le mécanicien Herkner vient également à bord ; alors que 25 min 3 s de carburant ont déjà été transférés, à 18 h 20, les mâts d'un navire isolé sont aperçus au 255. Le transfert est interrompu mais le navire est trop rapide et se dirige vers le nord. Tant pis pour les 5 min 3 s restants, l'*U-172* reprend sa route vers le Sud.

Rien à signaler les jours suivants, mis à part le passage d'un cargo espagnol. Le **23 juin** au soir, l'*U-172* est arrivé dans le carré ER 6451, à mi-chemin entre les côtes d'Afrique et de l'Amérique du Sud. Par précaution, le démarrage de la cérémonie de passage de l'équateur se déroule à l'intérieur dans le central, où arrive l'amiral Triton pour reconnaître les douze marins qui traversent la ligne pour la première fois ! Le **25 juin**, alerte aérienne à 12 h 30... Le **26 juin** au soir, *Sa Majesté* Neptune vient à son tour rendre visite à l'équipage, la cérémonie de baptême commence vraiment... Le **28 juin** à 5 h 15, dans le carré FD 7427, une silhouette est aperçue à 245°, un vapeur naviguant à 10 nœuds. Les tubes lance-torpilles sont parés, après l'approche en surface, tir simultané de deux torpilles à 6 h 43. L'une d'entre elles explose dans une cale avant du bateau au bout de 57 secondes, soit 880 mètres. Des canots sont descendus, l'alerte sur la bande des 600 mètres est brouillée par le radio de l'*U-172*. Le cargo s'enfonce par l'avant, à 7 h 07 il a sombré mais tout l'équipage a pu évacuer auparavant. En interrogeant quelques rescapés, Emmermann comprend que ce bateau s'appelait *Cornish City* et se rendait de Liverpool à Bahia avec 4 000 tonnes de charbon et 3 000 tonnes de coke. La nature de la cargaison est exacte, mais le vrai nom du premier bateau coulé pendant cette patrouille est le britannique *Vernon City* de 4 748 tonnes, se rendant de Tyne à Montevideo. Le **2 juillet**, alors que l'*U-172* se trouve dans le carré FR 2588 face aux côtes brésiliennes entre Natal et Rio, un message radio du *BdU* annonce à Emmermann qu'il est libre de ses manœuvres à l'ouest des carrés FJ 93 et GC 47. Six autres *U-Boote* ont également été dépêchés au large des côtes du Brésil : les *U-185*, *U-199*, *U-513*, *U-591*, *U-598* et *U-604*. L'*U-172* avance vers l'ouest, le **6 juillet** au matin, arrivé dans le carré FQ 8612, il plonge à profondeur périscopique pour ne pas être repéré depuis la côte. C'est alors qu'est capté un message annonçant que le commandant est le 256e soldat de l'armée allemande à se voir décerner les Feuilles de chêne à la Croix de Chevalier. Le cuisinier prépare un gâteau pour l'occasion, des bières sont sorties !

L'*U-172* longe la côte brésilienne en descendant vers le Sud. Pendant cinq jours, rien n'est aperçu, sauf un navire neutre le **11 juillet**. Le lendemain à 5 h 10 dans le carré GB 5437, silhouette à 308° d'un vapeur zigzaguant et naviguant à environ 15 nœuds ! L'*U-172* tire trois torpilles des tubes I, II et IV à 6 h 56. L'une d'entre elles explose après 57 secondes dans la salle des machines, un gros nuage est créé par la détonation. Les canots de sauvetage sont mis à l'eau, le cargo s'enfonce par l'arrière mais une nouvelle torpille est nécessaire pour le couler. Tir par le tube arrière VI, torpille défectueuse ! Depuis le kiosque, elle est vue partant bien droit vers l'objectif, puis elle a dû virer vers le fond. Tir du tube V à 7 h 25, explosion sur l'arrière. En 45 minutes, il a disparu de la surface de l'eau. L'*U-172* s'approche des canots, seul un membre d'équipage sur 87 a péri lors du torpillage. Plusieurs marins sont invités à discuter sur le pont, ils apprennent aux Allemands qu'ils naviguaient sur le cargo américain *African Star* de 8 200 tonnes – en réalité 6 507 – allant de Rio à New York avec une cargaison variée, surtout 5 500 tonnes de chrome. La direction de la côte leur est indiquée lorsqu'ils remontent sur leur canot. L'*U-172* quitte la zone et vire de bord de 130° après 27 minutes. À 18 h 41, Alerte ! Un bimoteur volant à environ 10 000 mètres est repéré, plongée à 100 mètres puis changement de cap de 90° ; surface deux heures plus tard, rien à signaler. À bord, encore quatorze torpilles et 120 $m^3$ de carburant. Le **14 juillet**, quatre torpilles sont déplacées à partir du pont supérieur. Le **15 juillet** à 17 h 56, les mâts d'un vapeur sont découverts dans le carré GC 1644, environ 600 miles à l'est de Rio. Il avance à environ 11 nœuds vers le nord-ouest... Le commandant annonce une attaque en immersion, plongée à profondeur périscopique à 19 h 19. Après les manœuvres d'approche, tir simultané des tubes arrière V et VI. Une explosion est observée au périscope dans la salle des machines du bateau produisant un gros nuage noir. Des canots sont descendus. Bien que le cargo prenne de la gîte par bâbord, il ne s'enfonce pas davantage. Une 3e torpille est tirée à 21 h 16 créant une très forte explosion, le bateau coule par l'avant quatre minutes plus tard. Surface, Emmermann demande à l'un des canots de s'approcher ; l'officier en second du navire monte sur l'*U-172*. Il déclare qu'ils naviguaient sur le cargo britannique *Harmonic*, qui se rendait de Buenos Aires vers Freetown avec dans ses cales 7 368 tonnes d'huile de lin. L'offre des sous-mariniers de soigner un blessé à la tête est déclinée. Ils disent au marin britannique qu'ils sont désolés d'avoir coulé son bateau et le laissent remonter dans le canot avec les autres ; puis ils leur souhaitent bonne chance.

Le secteur est bien fréquenté comme prévu ! Dès le lendemain **16 juillet**, de nouveaux mâts sont observés dans la soirée dans le carré FQ 9995. L'*U-172* se rapproche, le commandant Emmermann a opté pour une attaque en surface. La pleine lune éclaire la mer et le petit vapeur estimé entre 1 500 et 2 000 tonnes est maintenant à 2 000 mètres. Sa forme est curieuse, trapue, avec une large cheminée. Tir des tubes I et III à 23 h 19, manqué ! Le bateau a dû voir les traces de bulles ou le sous-marin faire demi-tour. Il vire soudain droit vers l'*U-172* et lui tire dessus au canon de 20 mm. Alerte ! Plongée à 120 mètres. Une grenade anti sous-marin explose. L'*U-172* ne fait surface qu'aux premières heures

L'*U-172* va quitter le Scorff, dans la baignoire, un membre d'équipage replie le pavillon. Dix anciens membres d'équipage ont été remplacés par des nouveaux. LB

Pour la traversée du golfe de Gascogne, l'*U-172* reste en immersion pendant 9 heures et ne fait ensuite surface que 2 heures pour recharger ses batteries. De gauche à droite, Emmermann, Hofmmann l'officier en second et le nouvel *LI* Karl-Heinz Frohwein. UBA

du **17 juillet**. Emmermann signale sa situation par radio, restent à bord neuf torpilles et 110 m³ de carburant. Rien n'est aperçu pendant six jours. Les deux dernières torpilles stockées sous le pont sont descendues à bord le **22 juillet**. L'action reprend deux jours plus tard... Le **24 juillet** à 13 h 57, alerte aérienne ! Un appareil volant très haut a été aperçu, l'*U-172* plonge à 100 mètres puis vire de 90°. Après 3 heures, il fait surface. Un nuage de fumée est découvert à 17 h 22, en s'approchant des hauts de mâts sont découverts... Un vapeur naviguant à environ 10 nœuds... Après s'être placé sur sa route, l'*U-172* plonge à 19 h 25 pour une attaque à profondeur périscopique. Il tire simultanément des tubes II et IV vers l'objectif situé à environ 800 mètres, explosion dans la cale arrière causant un large nuage de fumée. Au périscope, Emmermann observe le cargo stopper ; des canots de sauvetage sont descendus, l'arrière s'enfonce mais il ne coule pas encore. Soudain à 21 h 15, trois fortes explosions en surface ! Probablement des bombes larguées contre lui par un avion, descente immédiate à 100 mètres. Puis remontée à profondeur périscopique. Le vapeur est toujours là, une première torpille tirée à 22 h 03 rate sa cible, elle devait être mal réglée ; la seconde tirée six minutes plus tard à seulement 400 mètres explose sur l'arrière et envoie des débris dans les airs, le bateau coule en une minute. Surface, le submersible s'approche du canot à moteur de survie très bien équipé où ont embarqué les rescapés. Emmermann demande en anglais qu'un homme vienne sur le pont pour être interrogé. Le maître d'équipage se porte volontaire et déclare – pour le protéger d'une capture – que son capitaine a péri. Emmermann comprend qu'il s'agissait du cargo britannique « *Fort Chitchin* » de 6 000 tonnes se rendant de Rio vers Freetown avec une cargaison de minerai et de fer. Tous les deux discutent quinze minutes avant que le maître d'équipage ne reparte sur son canot. Il déclare aux autres que le commandant du sous-marin était très civilisé et s'est excusé d'avoir coulé leur bateau ! Des questions d'ordre général lui ont été posées, notamment sur son idée personnelle de l'issue de la guerre... C'était le 4ᵉ cargo coulé pendant cette mission, le **26ᵉ** et dernier de la carrière de l'*U-172*. La patrouille continue, perturbée par trois alertes aériennes les 25, 27 et 28 juillet... Il reste cinq torpilles à bord et seulement 79 m³ de carburant. Un message du *BdU* annonce qu'un ravitaillement sera possible seulement le 28 août dans le carré ER 30. L'*U-172* doit donc continuer à patrouiller les quatre prochaines semaines, tout en économisant son gasoil, car il devra atteindre le ravitailleur

L'*Oberbootsmaat* Erich Schmidt assure son tour de veille. Le 2 juin, les mitrailleuses *MG 81z* de 8 mm vont tirer pour tenir à distance un bombardier surgi des nuages. UBA

avec encore 15 min 3 s de carburant dans ses soutes ; il faudra aussi faire attention à la nourriture qui s'épuise depuis fin mai. Le **30 juillet**, un message d'encouragement et de chance est envoyé du chef de la 10e flottille, qui annonce que, grâce à son dernier torpillage du 24 juillet, le cap des 2 millions de tonnes coulés par la 10e flottille a été passé. Un message du *BdU* est capté le 1er août dans l'après-midi, qui s'adresse « *à tous les sous-marins dans les Caraïbes, sur la côte brésilienne, devant Freetown et la côte de Guinée : possibilité de ravitaillement détaillée dans trois jours ; quittez votre lieu d'opération et dirigez-vous vers le point de RDV annoncé précédemment* ».

Aux premières heures du **4 août**, un nouveau message indique à Emmermann de rentrer à Lorient en passant par le carré DF 30. La bonne nouvelle est annoncée à l'équipage, l'*U-172* commence son retour ! Mais il se trouve à environ 5 000 miles de sa base, soit sept semaines de navigation, avec seulement 63 $m^3$ de carburant et des vivres qui s'épuisent. À tout moment, il peut être attaqué par l'aviation alliée maîtresse des airs, dont les chefs, grâce au décodage des messages radio, connaissent déjà le lieu où il devra effectuer son prochain ravitaillement... Le **6 août**, un message radio demande au *U-604* de Höltring, endommagé par une attaque aérienne, et aux *U-185* et *U-172*, de se retrouver dans le carré FK 3955. Un second message le lendemain précise que si l'*U-604* ne peut revenir par ses propres moyens, il faudra récupérer son carburant et son ravitaillement avant de le saborder ; l'équipage d'Höltring sera également réparti entre l'*U-185* et l'*U-172*. Le **9 août**, suite à une seconde attaque aérienne contre l'*U-604*, un nouveau point de rendez-vous est fixé dans le carré FD 9555 pour le 11 août. L'*U-172* arrive sur place à 17 h 44. Moins d'une demi-heure plus tard, ses veilleurs aperçoivent l'*U-604* et l'*U-185* arrivant ensemble. L'*U-172* s'amarre au *U-604* dont le reste de nourriture est transféré à bord par dinghies, ainsi que 9 min 3 s de carburant. Il doit effectivement être sabordé car il ne peut plus plonger : ses deux moteurs électriques sont hors service et il a des trous dans la coque... Les veilleurs regardent tous azimuts car l'équipage de l'*U-604* a entendu des bruits d'Asdic plus tôt dans la journée ; un groupe de chasse est peut-être sur leurs traces... Soudain à 20 h 04, un bombardier *Liberator* arrivant du 210 sort des nuages et plonge directement vers les deux *U-Boote* amarrés ensemble ! Il largue six bombes à une hauteur de seulement 40 à 50 mètres : quatre explosent sur bâbord, une entre les deux sous-marins et une sur tribord. L'*U-172*, dont les armes antiaériennes ont répliqué, est très fortement secoué, les deux kiosques disparaissent sous les gerbes d'eau provoquées par les explosions à seulement 15 et 20 mètres de chaque côté du submersible. Les deux *U-Boote* se détachent et l'*U-172*, qui compte un tué, le mécanicien Fritz Schiemann, part à vitesse rapide en surface. À 20 h 06, le bombardier revient par bâbord à seulement 20 mètres au-dessus de l'eau, il largue cette fois deux grenades anti-sous-marin qui percent l'eau, la plus proche à seulement 5 mètres de la coque ! Elles explosent à une profondeur d'environ 20 mètres derrière la poupe. Les canons

Toute la journée du 14 juin est passée à attendre le ravitailleur *U-118*, en vain. Il a été coulé deux jours plus tôt... UBA

antiaériens tirent sans discontinuer, deux blessés dans l'équipage. L'hélice vibre anormalement, l'*U-172* manque d'aborder l'*U-185* qui avance également vers lui, tout le monde à bord étant occupé à servir les canons antiaériens ou à regarder le ciel. À bord de l'*U-172*, les deux mitrailleuses sont hors service et l'ingénieur déclare que le sous-marin est prêt à plonger. À 20 h 15, alerte ! L'*U-172* plonge dans les profondeurs et descend à 120 mètres puis se dirige vers le nord ; un bilan des dégâts est réalisé.

L'*U-172* fait surface le **12 août** à 2 h 05, un message est capté, l'*U-185* s'en est tiré, il a même abattu le bombardier et a récupéré l'équipage de l'*U-604*. Un rendez-vous est convenu dans le carré FD 2763 afin qu'une partie des survivants de l'équipage de l'*U-604* soit transférée sur l'*U-172* ; 16 d'entre eux sont décédés lors des trois attaques aériennes subies en onze jours, plusieurs à bord de l'*U-185* sont blessés. Le **14 août** à 11 h 13, l'*U-185* est en vue et se rapproche. Comme les dinghies ont disparu lors de l'attaque, la moitié de l'équipage de l'*U-604* rejoint l'*U-172* à la nage ! Le médecin de bord de l'*U-185* vient également en nageant pour s'occuper de l'un des deux blessés, Wagner, gravement touché par un éclat à la poitrine ; les premiers soins sont donnés, peut-être survivra-t-il... Dans le sous-marin surchargé, la route du retour reprend. Le **18 août**, l'*U-172* se trouve au centre de l'Atlantique dans le carré EH 9257 ; il reçoit un message lui indiquant un ravitaillement possible par l'*U-847* de Kuppisch dans le carré DF 8635, au sud-ouest des Açores. Le matelot Christiani est gravement malade avec 40,5° de fièvre, il a une dysenterie... Dans le manuel de secours, il est conseillé pour la guérison : du calme, de l'isolement dans une pièce bien aérée et un nettoyage régulier à l'eau fraîche ! Pas facile dans un sous-marin avec 80 personnes à bord sans possibilité de se laver... L'un des deux WC est réservé au malade, malgré cela une vingtaine de sous-mariniers sont atteints à leur tour de dysenterie... Soudain le premier malade est atteint de délire, il quitte sa couchette, s'empare d'un couteau dans la cuisine et, arrivé dans le central, menace l'ingénieur principal Frohwein qu'il blesse à l'avant-bras ; il n'est calmé que par l'intervention d'Emmermann qui arrive à lui faire rendre son couteau ; il est attaché à sa couchette... L'eau est sévèrement rationnée, pas plus de trois tasses quotidiennes pour chacun... Le cuisinier fait chauffer ses aliments dans de l'eau de mer... La tension monte, un membre d'équipage est battu par les autres pour avoir dépassé sa consommation d'eau... Une trentaine de nouveaux cas de dysenterie sont déclarés. Mais, miraculeusement, les malades guérissent en

Le commandant écrit une lettre à son épouse, elle sera transmise à l'*U-530* qui doit servir de ravitailleur de remplacement avant de rentrer en France. UBA

à peu près huit jours... Même l'état du blessé grave s'améliore. Les malades restant couchés, le supplément d'hommes de l'*U-604* est le bienvenu pour assurer le travail quotidien et les veilles. Le **23 août** à 4 h 45, dans le carré DS 4153, la silhouette d'un *U-Boot* est aperçue, d'après les échanges en morse il est identifié comme étant l'*U-185*. Les deux sous-marins gardent le même cap, tout en restant à distance. Alerte aérienne à 21 h 33, le sous-marin plonge sans avoir été aperçu. Le même scénario se répète le lendemain à 16 h 13 ; alors que l'*U-172* est à 70 mètres de profondeur, une détonation très lointaine est entendue, probablement une torpille acoustique *Fido* larguée par avion ; est-ce l'*U-185* qui a été visé ? Le **25 août**, deux silhouettes sont aperçues à 9 h 32, en s'approchant, le ravitailleur *U-847* et l'*U-508* sont identifiés. Le ravitaillement dure quatre heures et demie, 35 min 3 s de carburant ont été récupérés pour rentrer et enfin de l'eau en quantité et de la nourriture ! Mais à cause de la maladie contagieuse à bord, aucun homme n'est transféré. L'*U-172* continue sa route, le **30 août** un message de l'*U-508* annonce que l'*U-185* de Maus ne s'est pas présenté au ravitaillement et que l'*U-847* de Kuppisch a été bombardé... Pour le retour, l'*U-172* prend la route initiée par le commandant Piening, il longe les côtes espagnoles pour éviter de passer au centre du Golfe de Gascogne. Les hommes commencent à discuter de ce qu'ils vont pouvoir faire une fois débarqués... L'*U-172* atteint Lorient le **7 septembre** à 15 h et va se mettre à l'abri dans la base du Scorff... Sur les sept *U-Boote* présents deux mois plus tôt sur les côtes de Brésil, il sera le seul à rentrer. ■

Rencontre avec l'*U-530* au sud-ouest des Açores le 16 juin. UBA

Emmermann utilise un porte-voix pour communiquer avec Kurt Lange de l'*U-530*. UBA

FRONT UND HEIMAT   Juli 1944 / Seite 5

Wir unter uns

Ein Brief schwimmt an Land

Heute ist Posttag. Eichenlaubträger Kapitänleutnant Emmermann muß schnell seinen Brief zuende schreiben

„K. an K.: Wir haben Post an Bord, bringt sie gut heim!"

Zunächst geht es per „Schlauchboot-Postkutsche" zum Nachbarboot

Gebt acht, hier sind tausend scharfe Küsse drin!

Un article, réalisé par le reporter de guerre Berndt sur le courrier qui fonctionne même en patrouille entre Emmermann et son épouse en Allemagne, sera publié en juillet 1944 dans la revue *« Front und Heimat »*. UBA

Un dinghy est sorti pour effectuer le ravitaillement. UBA

Le dinghy s'approche de l'*U-530*, à son bord se trouve le courrier des membres d'équipage de l'*U-172*. UBA

Plusieurs membres d'équipage en profitent pour sortir sur le pont, d'autres prennent une douche; la veille est assurée dans toutes les directions. En haut à droite, l'antenne métallique du nouveau détecteur de radar. UBA

Transfert de nourriture et d'eau potable. UBA

Carl Emmermann avec son couvre-chef fétiche ! LB

Discussion avec le timonier Karl Duwe et le *Bootsmaat* Erich Matuczak. UBA

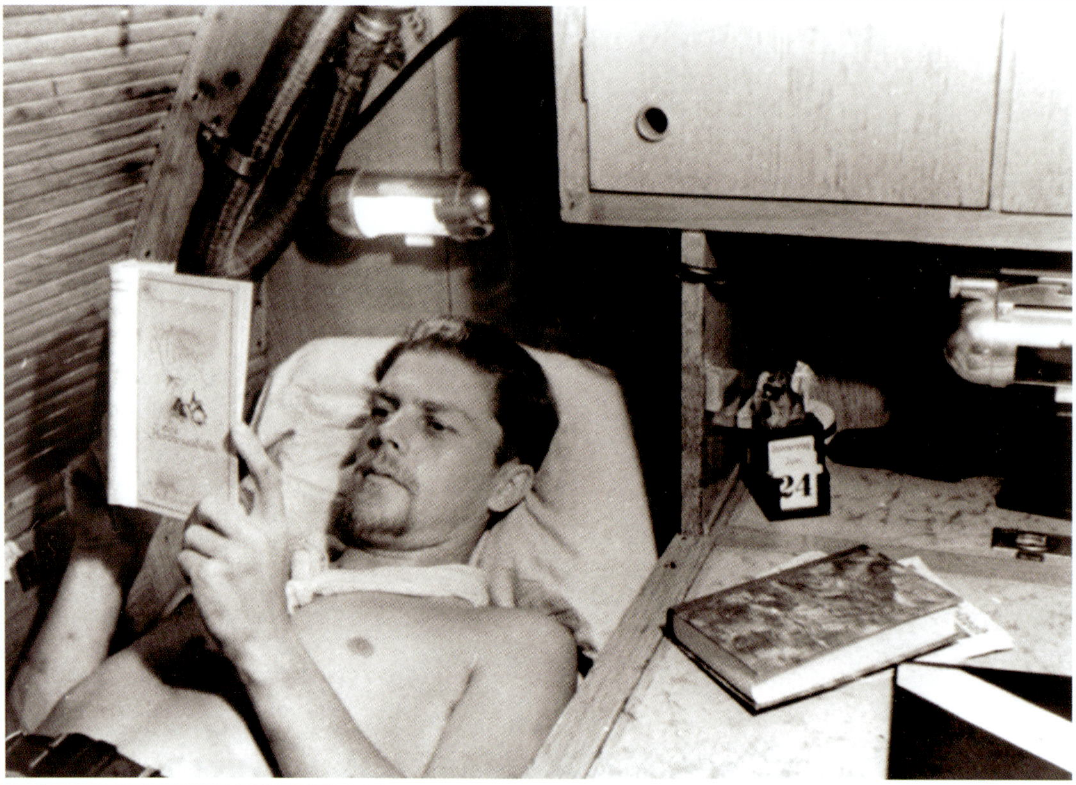


Le 24 juin, le commandant lit tranquillement dans sa cabine. La route est encore longue jusqu'aux côtes du Brésil. UBA

La route continue vers le Sud, l'officier en second Hoffmann s'occupe en lisant sur le bastingage. LB

Caricature de l'*IWO* Hoffmann réalisée à bord. UBA

Le timonier Duwe au sextant est formel : l'équateur va être passé ! UBA

Le fanion de Neptune est sorti, la surveillance continue pendant que l'amiral Triton vient reconnaître les douze marins pour qui c'est le premier passage de la ligne.... UBA

Le 26 juin, démarrage de la cérémonie de passage de l'équateur. Josef Wieser grime le mécanicien Günter Meissner qui va faire partie de la suite de *Sa Majesté* Neptune. Tous les deux sont présents depuis la première mission. UBA

⬇ L'amiral Triton lit un poème dans le compartiment décoré pour l'occasion. UBA

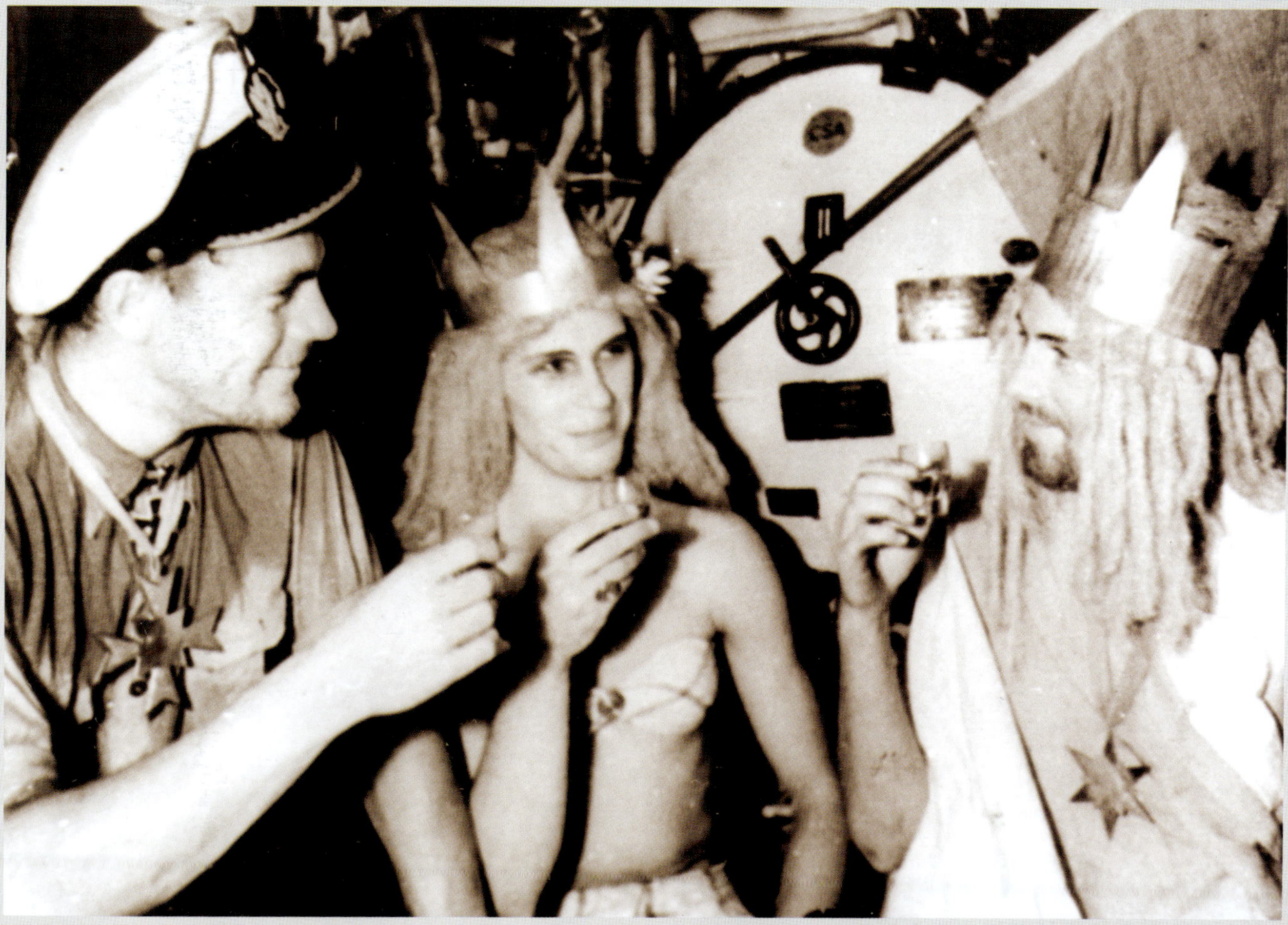

↑ Neptune et Thétis trinquent avec le commandant; en arrière-plan le tube n° II. UBA

↑ L'amiral Triton annonce les épreuves; par précaution, la cérémonie se déroule dans le compartiment avant. BA

➲ Cette épreuve consiste à traverser les compartiments avec un poids. UBA

La mission continue, un premier cargo isolé sera aperçu et coulé le 28 juin. UBA

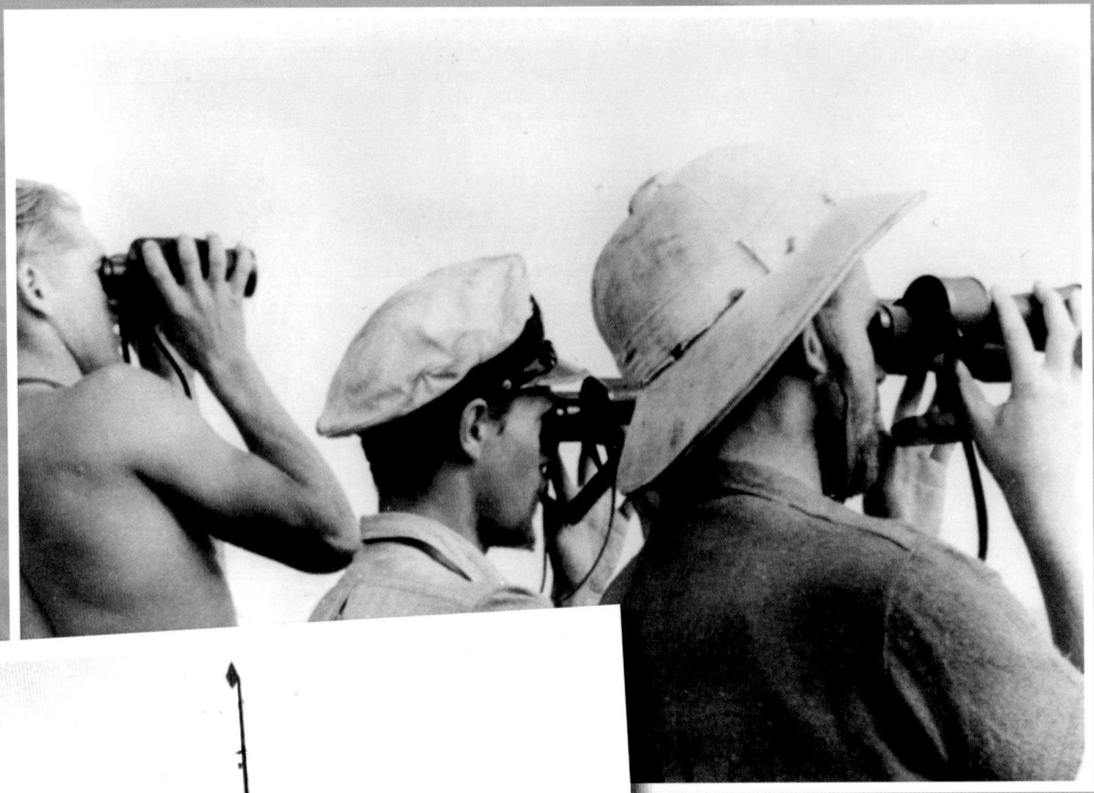

Le cargo *Vernon City* est coulé le 28 juin, ses cales remplies de charbon et de coke. DR

Le radio Isidor Kuhn envoie un message signalant la destruction du bateau. UBA

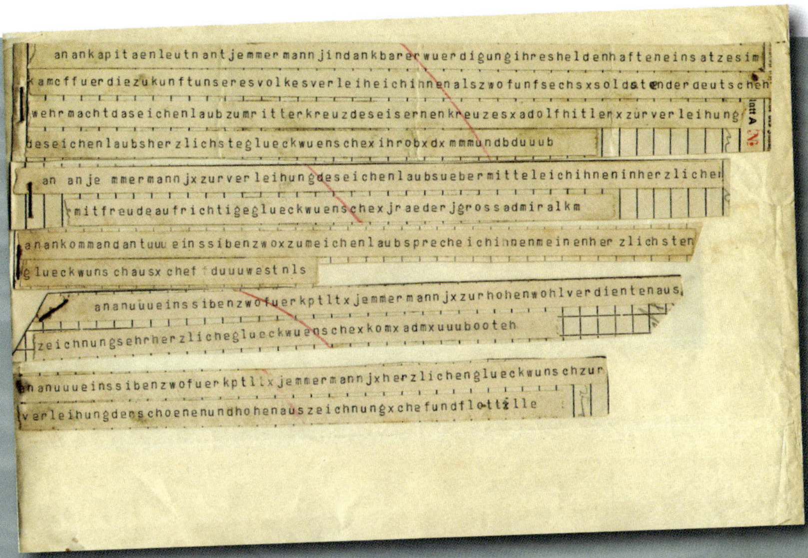
ananka pitaenleutnantjemmermannjindankbarerwuerdigungihresheldenhafteneinsatzesim
kamcffuerdiezukunftunseresvolkesverleiheichihnenalszwofunfsechsxsoldatenderdeutschen
wehrmachtdaseichenlaubzumritterkreuzdeseisernenkreuzesxadolfhitlerxzurverleihung
deseichenlaubsherzlichsteglueckwuenschex ihrobxdx mmmundbduuub
an anje mmermannjxzurverleihungdeseichenlaubsuebermitteleichihneninherzlicher
mitfreudeaufrichtigeglueckwuenschexjraederjgrossadmiralkm
anankommandantuuu einssibenzwoxzumeichenlaubspreche ichihnenmeinenherzlichsten
glueckwunschausx chef duuuwestnls
ananuuueinssibenzwofuerkptltxjemmermannjxzurhohenwohlverdientenaus
zeichnungsehrherzlicheglueckwuenschexkomxadmxuuubooteh
ananuuueinssibenzwofuerkptltxjemmermannjxherzlichenglueckwunschzur
verleihungderschoenenundhohenauszeichnungxchefundflottille

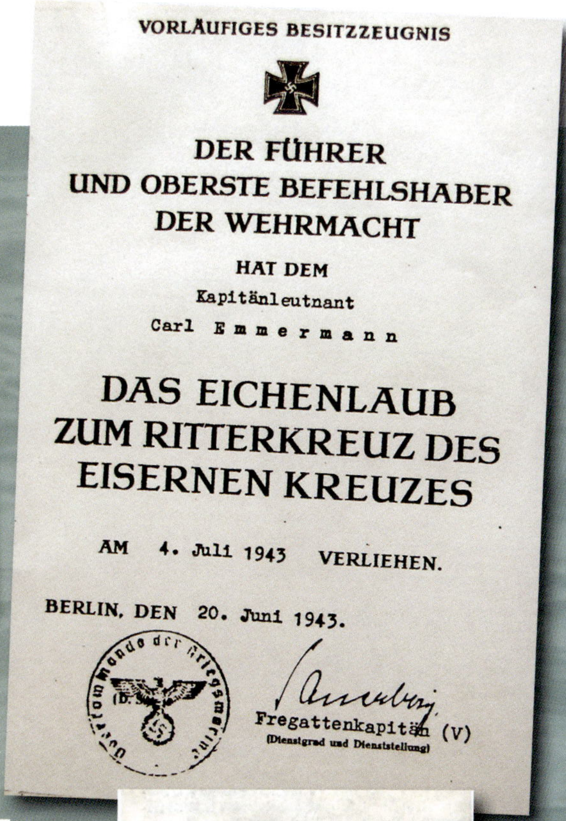
VORLÄUFIGES BESITZZEUGNIS

DER FÜHRER
UND OBERSTE BEFEHLSHABER
DER WEHRMACHT

HAT DEM

Kapitänleutnant
Carl Emmermann

DAS EICHENLAUB
ZUM RITTERKREUZ DES
EISERNEN KREUZES

AM 4. Juli 1943 VERLIEHEN.

BERLIN, DEN 20. Juni 1943.

Oberkommando der Kriegsmarine

Fregattenkapitän (V)
(Dienstgrad und Dienststellung)

↑ Le 6 juillet, plusieurs messages sont captés félicitant le commandant Emmermann qui se voit ajouter les Feuilles de chêne à sa Croix de Chevalier. Son palmarès réel à ce moment est de 23 bateaux coulés pour 133 881 tonnes. UBA

➲ Le diplôme de la décoration officiellement décernée le 4 juillet 1943, la décoration est rendue publique par voie de presse en Allemagne. UBA

Un toast est porté dans le carré officiers. De gauche à droite Walter Gerke, Erich Matuczak, Emmermann, Hoffmann *IWO*, Häcklander *2WO*, Frohwein *LI* et Max Schubert.

Le cuisinier a préparé un gâteau spécial pour le commandant; un autre membre d'équipage a aussi fabriqué des feuilles de chêne sur l'atelier de bord pour ajouter à la décoration. UBA

**Eichenlaub für zwei U-Boot-Kommandanten**

Aus dem Führerhauptquartier, 5. Juli.

Der Führer verlieh am 4. Juli 1943 das Eichenlaub zum Ritterkreuz des Eisernen Kreuzes an Kapitänleutnant Carl Emmermann, Kommandant eines Unterseebootes, als 256. Soldaten, und an Kapitänleutnant Werner Henke, Kommandant eines Unterseebootes, als 257. Soldaten der deutschen Wehrmacht.

Kapitänleutnant Carl Emmermann, der am 6. März 1915 in Hamburg geboren wurde,

Kapitänleutnant Carl Emmermann — Kapitänleutnant Werner Henke

PK.-Aufnahmen: Kriegsberichter Stephan (PBZ.)

versenkte nach seiner Auszeichnung mit dem Ritterkreuz weitere 10 Schiffe mit 72 500 BRT. und erhöhte damit sein Versenkungsergebnis auf insgesamt 26 Schiffe mit rund 170 000 BRT. Einen besonderen Erfolg erzielte er, als es ihm gelang, aus einem nach Gibraltar gehenden Geleitzug allein vier Schiffe mit zusammen 30 800 BRT. herauszuschießen und zu versenken. Schon diese Leistung zeugt für hohen Kampfgeist und die Zähigkeit dieses U-Boot-Kommandanten bei der Durchführung einer ihm gestellten Aufgabe, zumal Gibraltargeleite stets nur mit stärkster Sicherung in Marsch gesetzt werden. Kapitänleutnant Carl Emmermann hat sich darüber hinaus auf allen Unternehmungen als bewährter und schneidiger Kommandant und vorbildlicher Führer seiner tapferen Besatzung erwiesen.

Kapitänleutnant Werner Henke hat ebenfalls nach seiner Auszeichnung mit dem Ritterkreuz durch vollen Einsatz als Kommandant und gute Bootführung neue wesentliche Erfolge erzielt. Er versenkte weitere 12 Schiffe mit 71 201 BRT. und erhöhte damit seine Versenkungsergebnis auf insgesamt 23 Schiffe mit 144 122 BRT. Für den besonderen Schneid und das hohe Können dieses U-Boot-Kommandanten spricht die Tatsache, daß er einmal aus einem einzigen Geleitzug nicht weniger als neun Schiffe im Alleingang herausschoß und versenkte. Zähes Dranbleiben am Gegner, beispielhafte Einsatzbereitschaft und Ausschöpfung jeder Schußchance charakterisieren diese Waffentat, bei der der Kommandant sich, wie stets, auf seine tapfere Besatzung voll verlassen konnte. Auch im Kampf gegen Kriegsschiffeinheiten war Kapitänleutnant Werner Henke, der am 13. Mai 1910 in Ruduk bei Thorn geboren wurde, erfolgreich. Es gelang ihm, einen Kreuzer und einen Zerstörer zu versenken.

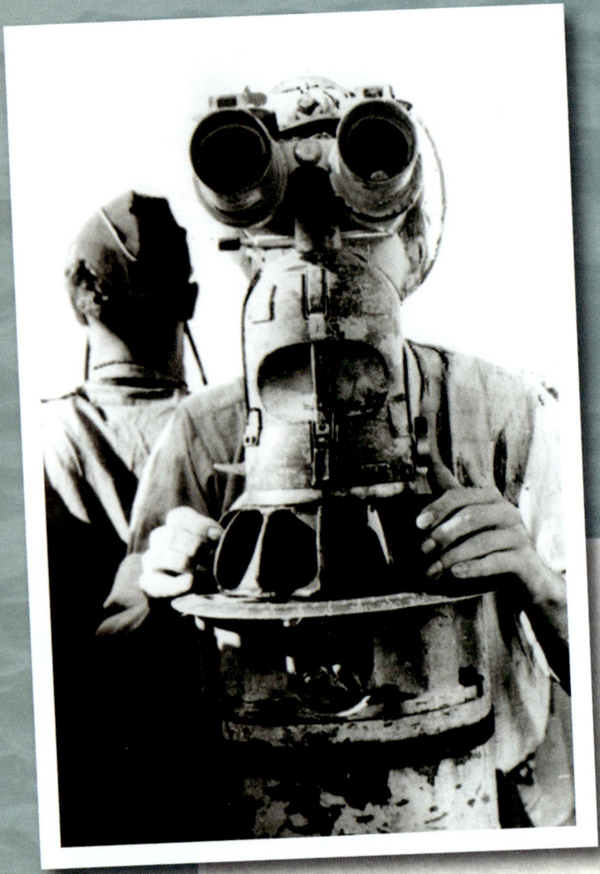

Le cargo américain *African Star* est touché par une torpille le 12 juillet à 6 h 56 ; trente minutes plus tard, le commandant aux jumelles Uzo se prépare à en faire envoyer une seconde pour le couler définitivement. UBA

L'*African Star* brûle, il va couler en 45 minutes. UBA

Surveillance maximum. Un bimoteur sera découvert le 12 juillet à 18 h 41. UBA

↑ Les rescapés de l'*African Star* sont approchés par le submersible. UBA

← Discussion avec le 1er officier du cargo Jim Neary monté à bord ; la direction pour rejoindre la côte lui sera indiquée par l'officier en second Hoffmann. UBA

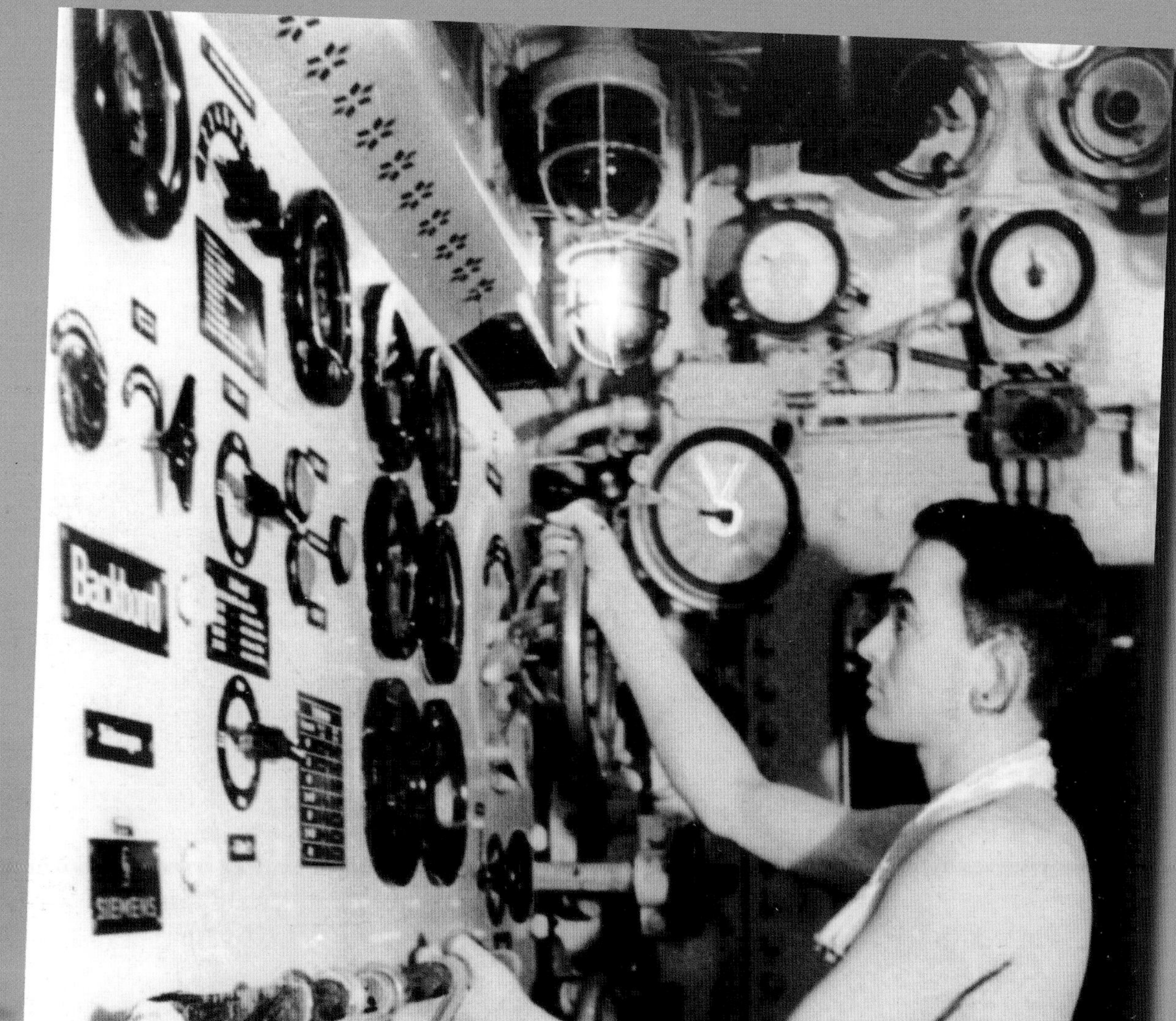


↑ Un cargo a été découvert le 15 juillet à 17 h 56, l'*U-172* s'est placé sur sa route pour une attaque en immersion ; l'*E-Maat* Ewald Banse manœuvre les moteurs électriques. UBA

← Rare photo couleur de l'*U-172* pendant la 5e patrouille. UBA

Le cargo britannique *Harmonic* est coulé à 21 h 21. Les 46 survivants (sur 47) seront récupérés par un cargo portugais le 22 juillet. Coll. City of Vancouver Archives

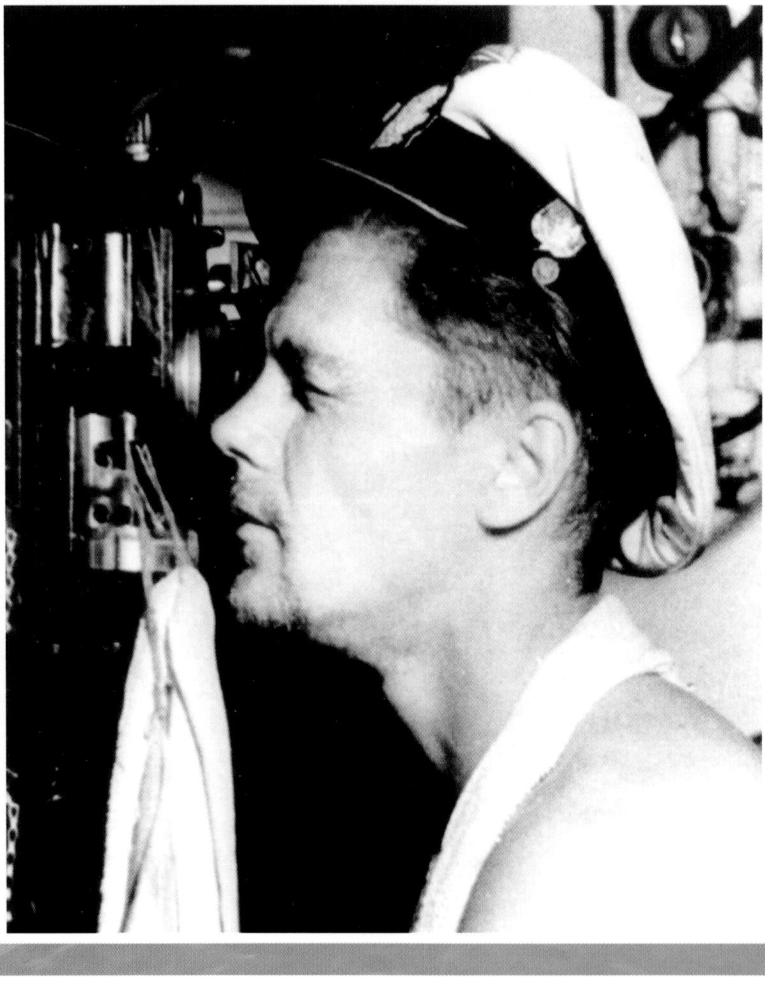

Le 24 juillet à 19 h 25, l'*U-172* a plongé pour une nouvelle attaque à profondeur périscopique. Emmermann suit le cargo au périscope d'attaque. UBA

Le 4e bateau coulé pendant cette patrouille est le cargo britannique *Fort Chilcotin*. Coll. City of Vancouver Archives

Caricature du *IIWO* Häcklander. UBA

L'officier en 3e Klaus Hackländer tape son rapport. Le bateau était le 26e et dernier coulé par l'*U-172*. En face de lui, le *LI* Frohwein. UBA

Le 11 août 1943, l'*U-172* s'amarre à l'*U-604* afin de récupérer du carburant; endommagé et incapable de plonger, ce sous-marin doit être sabordé. UBA

Les veilleurs dans le kiosque de l'*U-172* surveillent principalement le ciel... UBA

Alerte ! À 20 h 04 un bombardier *Liberator* sort des nuages et fonce directement vers les deux *U-Boote* amarrés ensemble. UBA

↻ Les bombes larguées à deux reprises par le *Liberator* (cercle bleu)explosent autour de l'*U-172* et de l'*U-604*. UBA

Le commandant Emmermann fait des signaux en direction de l'*U-185*, qui a récupéré les survivants de l'*U-604* à son bord. UBA

L'*U-185* se place devant l'*U-172*. La moitié des membres d'équipage de l'*U-604* ayant survécu à l'attaque aérienne doit rejoindre le sous-marin d'Emmermann à la nage. UBA

Transfert de deux officiers, sept officiers mariniers et treize hommes de l'*U-604*. UBA

Emblème de l'*U-604*. UBA

Les membres d'équipage de l'*U-604* sont hissés à bord de l'*U-172*. UBA

Le 24 août à 16 h 13, l'*U-172* a plongé à 70 mètres suite à une alerte aérienne. L'*U-185* était à proximité, une détonation de torpille lancée par avion a été entendue à 17 h, a-t-il été coulé ? Plus tard, ils apprendront qu'il n'y a eu que 36 survivants provenant à la fois de l'*U-185* et de l'*U-604*. Avant que l'*U-185* ne coule, le commandant de l'*U-604* Höltring a découvert deux membres de son équipage blessés incapables de bouger alors que des vapeurs de chlore commençaient à se dégager; les deux hommes ont demandé à leur commandant de les achever, ce qu'il a fait avant de retourner l'arme contre lui... UBA

Le naufrage de l'*U-185*. NA

Le 25 août, l'*U-172* est ravitaillé par l'*U-847* de Kuppisch. UBA

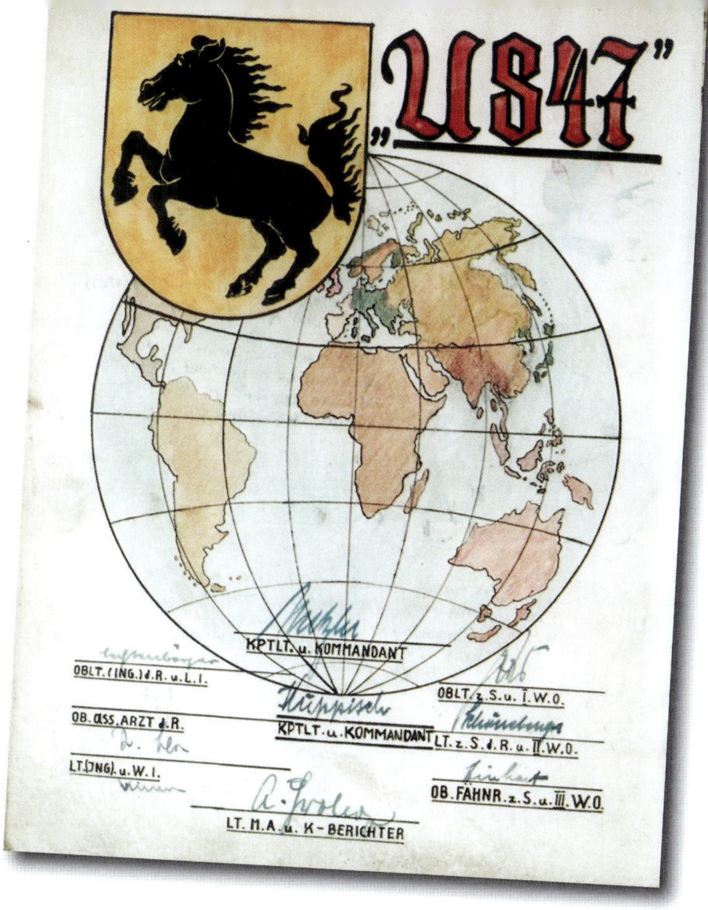
„U847"
KPTLT. u. KOMMANDANT
OBLT. (ING.) d. R. u. L. I.
OBLT. z. S. u. I. W. O.
OB. ASS. ARZT d. R.
KPTLT. u. KOMMANDANT
LT. z. S. d. R. u. II. W. O.
LT. (ING.) u. W. I.
OB. FÄHNR. z. S. u. III. W. O.
LT. M. A. u. K-BERICHTER

➲ Page de droite : Dernière photo de l'*U-847* qui va être coulé par une torpille *Fido* dans trois jours avec ses 63 membres d'équipage... UBA

Le commandant Emmermann discute avec le médecin de bord de l'*U-847*, le Dr Theodor Leo. Il prévient son commandant Herbert Kuppisch, resté à l'état-major depuis septembre 1941 après avoir débarqué de l'*U-94*, que la situation a beaucoup changé en deux ans. Dorénavant, il faut rester le minimum possible en surface. UBA

Le reporter de guerre Herbert Kuhn, récupéré parmi les naufragés de l'*U-604*, lors du ravitaillement. En arrière-plan l'*U-847*. UBA

À bord de l'*U-508*, le reporter de guerre Kemper prend une photo du ravitaillement qui dure de 11 h à 15 h 25. Coll. Eric-Jan Bakker

La page du livre d'or de la 5ᵉ Flottille signée par les officiers de l'*U-508* avant son départ en opération. UBA.

La veille aérienne continue à bord de l'*U-172*. À cause d'une épidémie de dysenterie, tous les membres d'équipage de l'*U-604* sont confinés à bord. Coll. Eric-Jan Bakker

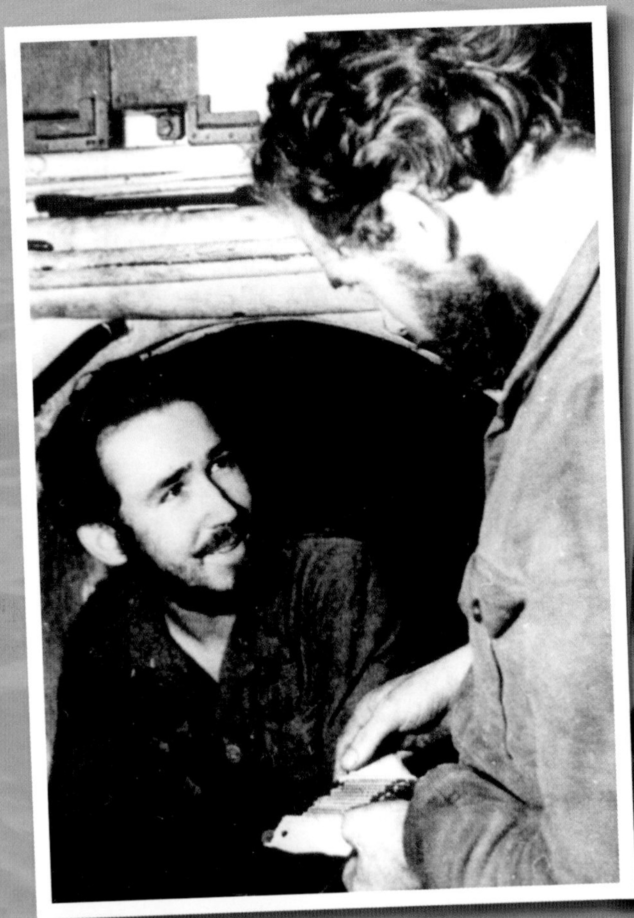

À 80 hommes à bord pendant un mois, tout est rationné. La cigarette quotidienne... UBA

Autorisation de monter dans le kiosque ? UBA

L'*U-172* longe les côtes espagnoles et françaises pour éviter de traverser le Golfe de Gascogne. Jeu de cartes dans le carré officiers. UBA

Le 7 septembre, les côtes de Lorient sont en vue, Emmermann s'en est encore sorti. Âgé de seulement 28 ans, il a déjà l'air d'un vieux loup de mer… UBA

4558
8200

⊃Page de gauche : Le commandant s'autorise un verre de chum pendant que le timonier Duwe commence à peindre des feuilles de chêne sur l'avant du kiosque. UBA

⊃Les 30 fanions sont hissés au périscope. UBA

Les membres d'équipage de l'*U-604* et de l'*U-172* ont pris place sur le pont avec leurs gilets de sauvetage. À l'avant du kiosque, la peinture représente la Croix de Chevalier du commandant, entourée de Feuilles de chêne. UBA

Les dernières cigarettes sont distribuées aux membres d'équipage dont l'allure les fait ressembler à des pirates des Caraïbes. UBA

⮉ Emmermann et Frohwein mesurent la barbe de Herbert Kuhn de l'*U-604*. UBA

Le chiffre du tonnage estimé coulé par l'*U-172* a été peint sur le kiosque. Quatre rangées de fanions sont accrochées en haut du périscope pour chacune des missions de combat. UBA

⮍ De nombreux amis sont venus accueillir l'*U-172*. UBA

L'*U-172* s'apprête à entrer dans la petite base du Scorff, les membres d'équipage survivants de l'*U-604* sont alignés devant ceux de l'*U-172*. LB

Accompagné par le chef de la 10ᵉ Flottille Kuhnke, Emmermann salue ses hommes. UBA

Un gâteau est apporté portant le chiffre de 2 millions de tonnes supposées coulées par les sous-marins de la 10ᵉ Flottille, un cap franchi grâce aux derniers succès de l'*U-172*. UBA

Réception dans la *Saltzwedel Kaserne*, une bière est offerte à chacun. Le chef de flottille fait circuler une bouteille de champagne. UBA

Dans une villa, Emmermann raconte la patrouille à des officiers de la flottille. UBA

L'officier en second Hoffmann adopte le look de son commandant. UBA

La barbe d'Emmermann a laissé sa place à une fine moustache. Discussion dans le camp de repos *Lager Rostin* avec Hoffmann et Häcklander. UBA

*Dreißig Wimpel wehen am ausgefahrenen Sehrohr. Ein stolzes Lächeln steht im Gesicht von Kapitänleutnant Emmermann geschrieben*

*Vorn am Turm wird die versenkte Tonnage angeschrieben: 187 843 BRT. Darunter malt der Obersteuermann ein Eichenlaub, das der Kommandant während der Fahrt verliehen erhielt*

Aufnahmen: OKW.

möchte man sehen, Küste mit Strand und Häusern. Man möchte einmal wieder freien Auslauf haben, nur fünfzig Meter wieder geradeaus marschieren können oder ein eigenes Zimmer haben, um für sich alleine zu sein.

Unser Auslaufen liegt schon lange zurück. Die Blumen drängten sich damals in den Gärten, und unter Kirschbäumen lag weißer Blütenschnee; jetzt sind die Blätter längst verwelkt und vieles änderte sich. Wir haben nur spärliche Nachricht vom Geschehen an Land, von Politik und von den militärischen Ereignissen. Von den Angehörigen wissen wir gar nichts.

Aber irgendwann endet auch die längste Fahrt.

❖

Land . . .

Die Augen erfassen den bläulich schimmernden Hauch der europäischen Küste wie ein Abenteuer.

Schon klettern aus dem Turmluk Seeleute, und auch Heizer, die zum Teil seit Wochen nicht mehr auf der Brücke und an Oberdeck waren, holen tief Atem und vermeinen, den Landgeruch zu wittern. Die einen bringen kurze Leinen mit nach oben und Wimpel, eine bunte Zahl von Wimpeln, die mit dem ausfahrenden Sehrohr hochsteigen und im Winde flattern, und andere greifen zu Farbtopf und Pinsel und malen vorn ans Brückenkleid: 187 843 und darunter zwei große, grüne Eichenblätter.

Kapitänleutnant Emmermann, in U-Bootskombination an Steuerbordseite, auf dem Brückenkleid sitzend, verfolgt das Tun; das Ritterkreuz und das an Bord hergestellte Eichenlaub blinken über der Schwimmweste. Auch die U-Jäger, die uns ins Geleit genommen haben, beobachten, wie dreißig Wimpel gehißt werden. Gleich folgt ein Winkspruch von drüben: „Wie haben Sie das nur fertiggebracht?" worauf der Kommandant zurückgeben läßt: „Mit Torpedos!"

Quand l'article sur la 5e patrouille, écrit par le reporter de guerre Helmut Berndt, est publié dans le journal *« Das Reich »* du 20 février 1944, l'*U-172* a déjà coulé deux mois plus tôt. UBA

# SIXIÈME PATROUILLE : LA FIN DE L'*U-172*

Lorsqu'ils rentrent de permission, les anciens membres d'équipage découvrent de nombreux changements. Jusqu'alors Emmermann avait réussi à garder ses hommes auprès de lui, mais cette fois 18 d'entre eux ont été mutés ou promus. Ils sont remplacés par 25 nouveaux qui n'ont aucune expérience dans l'arme sous-marine ; certains matelots n'ont même pas fait d'école spécifique à cette arme... Trois nouveaux officiers ont été affectés à l'*U-172* : l'officier en second, l'Autrichien Maximilian Coreth, l'officier en troisième, Heinz Rietdorf, et l'ingénieur principal, Alfred Löffler. Face à des Alliés de plus en plus forts, les quelques anciens qui sont restés prennent conscience que leur prochaine mission sera certainement la dernière... Mais le coup de massue tombe vraiment le **7 novembre** 1943. Carl Emmermann a réuni l'équipage de l'*U-172* au foyer des sous-mariniers de Kéroman. Après avoir remis la Croix de fer de 1re classe à cinq officiers mariniers et à deux matelots, il les regarde avec affection. La moitié d'entre eux ont traversé tant d'épreuves avec lui. Il leur annonce alors qu'il a accepté un poste à terre, il vient d'être nommé le matin même chef de la 6e flottille à Saint-Nazaire. Mais c'est son ancien second, Hermann Hoffmann, nommé *Oberleutnant-zur-See* le 1er octobre, qui prend le commandement de l'*U-172* ; âgé de seulement 22 ans, il connaît cependant bien ce sous-marin et son équipage, ayant participé aux cinq missions précédentes. Emmermann leur annonce aussi que l'armement antiaérien de l'*U-172* a été fortement renforcé : deux canons antiaériens jumelés sur la baignoire et un 20 mm quadruple sur la plateforme arrière, huit tubes au lieu de deux lors de la mission précédente. Les sept membres d'équipage qui avaient été envoyés suivre un entraînement spécial d'une semaine sur les canons antiaériens à l'école de *Marine-Flak* de Mimizan comprennent la raison de cette formation ! Leur ancien commandant leur déclare ensuite que des nouvelles torpilles acoustiques T5 seront perçues avant le départ pour pouvoir lutter efficacement contre les escorteurs à faible tirant d'eau. Un médecin sera aussi embarqué pour la prochaine mission ainsi que l'ingénieur Fröhwein pour former le nouvel *LI* ; il restera jusqu'au premier ravitaillement prévu... Mais ces nouvelles ne suffisent pas à ramener la confiance parmi les anciens. Ils voient bien que la plupart des alvéoles de Kéroman sont

Le 7 novembre 1943, Carl Emmermann réunit ses hommes dans le foyer des sous-mariniers de Kéroman. Il leur annonce qu'il est nommé chef de la 6e Flottille de Saint-Nazaire. UBA

Carl Emmermann a été le 25e sous-marinier décoré de la Croix de Chevalier avec Feuilles de chêne le 4 juillet 1943. Le 1er octobre, il reçoit la rare décoration des sous-mariniers avec diamants. À l'époque, l'état-major de l'arme sous-marine pensait qu'il avait coulé 30 bateaux pour 187 843 tonnes - l'étude détaillée des rapports alliés après la guerre ramènera ce chiffre à 26 bateaux coulés pour 152 080 tonnes. UBA

vides, la plupart des sous-marins qui partent ne reviennent plus... Mais le service est le service... Des munitions et des vivres en grande quantité sont chargés à bord, des rumeurs circulent que la destination de la prochaine mission serait la lointaine base de Penang en Extrême-Orient.

L'*U-172* quitte Lorient le **13 novembre** 1943 à 13 h pour sa 6e patrouille qui va se révéler malchanceuse jusqu'à la fin... Cela commence dès la sortie de la base, lorsque l'avant tribord du submersible accroche le mur de l'alvéole ! Comme aucun dégât n'est constaté, le sous-marin part quand même avec son escorte. Mais la mer est si mauvaise que l'escorteur annonce devoir faire demi-tour, l'*U-172* est alors envoyé dans la base du Scorff. C'est là qu'un membre d'équipage découvre que la protection du gouvernail de plongée avant tribord a été endommagée, certainement lors du choc. Après les travaux de réparation, le sous-marin repart de Lorient le **16 novembre**. Il doit d'abord rallier Saint-Nazaire pour percevoir deux nouvelles torpilles acoustiques qui viennent juste d'être livrées dans ce port par train. Une fois au large de Lorient, comme toujours une plongée d'essai est réalisée vers 22 h. En remontant à la surface, une fuite d'huile par le clapet d'éjection des fumées des Diesels est découverte, qui laisse une trace visible à la surface... Est-ce du sabotage ? L'*U-172* est escorté pendant tout le trajet jusqu'à Saint-Nazaire, atteint le **19 novembre** ; l'équipage est accueilli par Emmermann, chef de la 6e flottille. La manœuvre d'approche de Hoffmann pour entrer dans une alvéole de la base sous-marine semble tellement incertaine qu'Emmermann le guide en faisant de grands gestes avec ses bras ! Les deux torpilles acoustiques T5 sont chargées dans les tubes lance-torpilles arrière ; en tout, l'*U-172* embarque vingt torpilles, moins que par le passé à cause de la place prise par

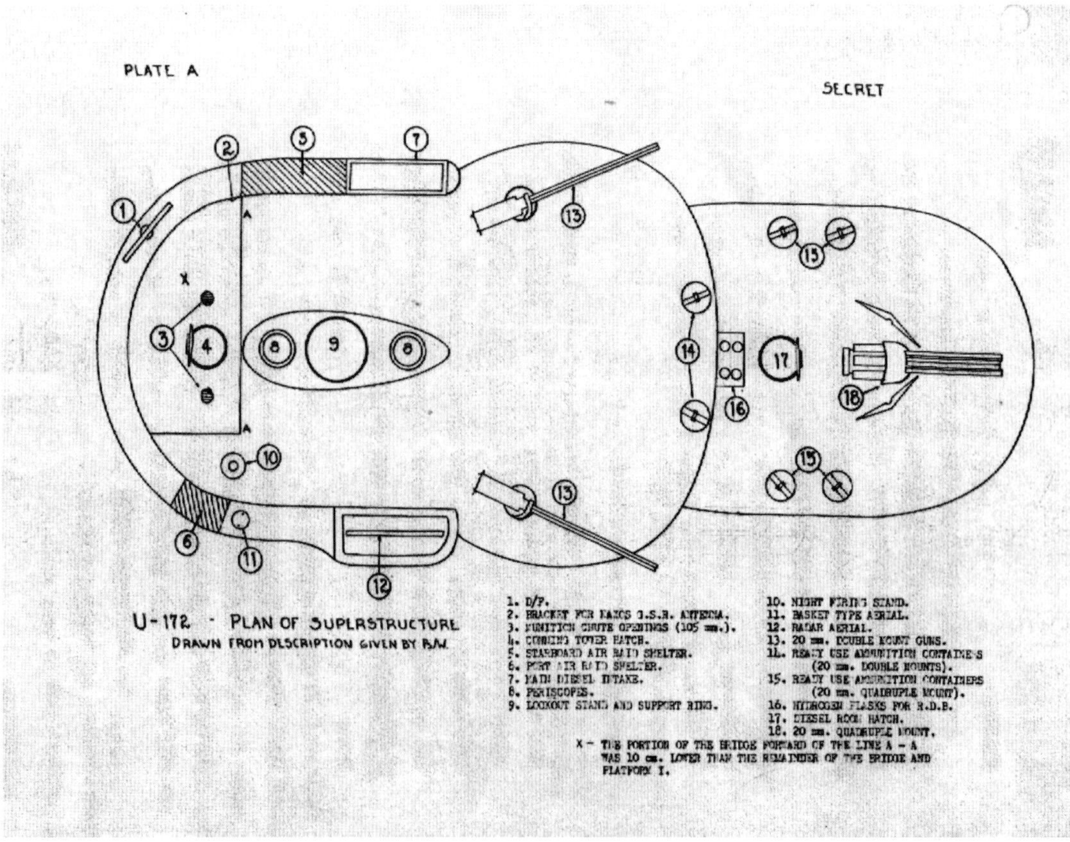


Détail des équipements dans le kiosque : la baignoire reçoit deux canons doubles de 20 mm et la plateforme arrière un canon de 20 mm quadruple. NA

Le 13 novembre 1943, l'*U-172* quitte Lorient. Toute la 6e patrouille sera marquée par la malchance. Le livre de bord la relatant étant parti au fond de l'eau, les événements ont été reconstitués d'après les rapports d'attaques alliés, les interrogatoires des survivants par l'armée américaine et le témoignage de Herbert Plottke après-guerre. LB

des munitions supplémentaires pour les huit canons antiaériens. L'officier en 3e, jugé inapte aux sous-marins après les trois jours de traversée de Lorient à Saint-Nazaire, est remplacé par le *Leutnant-zur-See* Friedrich-Wilhelm Heitz. Le **20 novembre**, lors de la manœuvre pour quitter la base, comme à Lorient, la coque de l'*U-172* percute violemment le mur en béton de l'alvéole, le réservoir de carburant n° 7 est déchiré… Le submersible est aussitôt passé en bassin et une plaque rapidement soudée sur la déchirure ; le mécanicien Walter Gerke, présent depuis la première patrouille, proteste que la réparation est mal faite ; mais le nouvel *LI* arrive et annonce que c'est très bien comme cela… Le 22 **novembre** à 14 h, c'est le vrai départ ; dans l'écluse, Emmermann vient saluer chaque membre d'équipage et leur souhaite bonne chance.

L'équipage en aura besoin. Déjà le départ a lieu un lundi, ce qui est censé porter malheur… Ensuite, quatre heures après avoir quitté son escorte, de nouvelles avaries sont découvertes : plusieurs clapets de remplissage d'eau des ballasts sont fermés et en position d'ouverture manuelle uniquement ; ce qui signifie que le submersible aurait mis beaucoup plus de temps à plonger en cas d'alerte… La fuite d'huile par le clapet d'éjection des fumées des Diesels recommence, une nouvelle réparation est faite. Lors d'une plongée d'alerte, l'écoutille du haut du kiosque ne se ferme pas, l'intérieur où se trouve le périscope de combat a été inondé et doit être vidé une fois en surface. À la sortie du golfe de Gascogne aux premières heures du **3 décembre** 1943, le radio, qui vient de terminer sa veille, déclare presque incidemment à son collègue qu'il pense avoir entendu un bruit venant du détecteur de radar un instant plus tôt… L'alerte est donnée ainsi que l'ordre de virer sur bâbord immédiatement ; au même moment dans le kiosque un bruit de moteurs est entendu par les veilleurs, un bombardier *Liberator* arrive droit sur l'*U-172* puis allume son projecteur, mitraille et largue six bombes explosant juste sur tribord ! S'il n'avait pas viré sur bâbord juste avant, c'était la fin. Le submersible plonge dans les profondeurs… Le lendemain, alors que le submersible navigue en surface, les veilleurs dans le kiosque sont surpris par une grosse fumée noire provenant du central ! Un mécanicien inexpérimenté a fermé les clapets d'éjection des fumées du moteur Diesel tribord qui tournait, plusieurs membres d'équipage sont intoxiqués ; de l'air frais est insufflé pour remplacer l'air vicié. La mission continue, l'*U-172* navigue la plupart du temps en immersion et ne fait surface que pour recharger ses

Après un retour à Lorient pour effectuer des réparations sur la protection du gouvernail de plongée avant tribord, l'*U-172* arrive à Saint-Nazaire le 19 novembre pour percevoir deux torpilles acoustiques T5 et réparer une fuite d'huile. LB

Lors de sa sortie de la base de Saint-Nazaire le 20 novembre, un réservoir de carburant a été endommagé lorsque la coque a percuté un mur d'alvéole. Des réparations doivent encore être effectuées sur l'*U-172*. Les officiers passent une seconde soirée au château de Beauregard où loge leur ancien commandant. LB

batteries. Après un ravitaillement par l'*U-219* au sud-ouest des Açores dans la nuit du **10 au 11 décembre**, l'*U-172* repart vers le Sud en surface à grande vitesse pour s'éloigner de cette zone où plusieurs sous-marins ont rendez-vous, ce qui a généré un fort trafic radio.

Le **12 décembre** à 8 h 23, alerte du détecteur de radar ; quasiment en même temps l'alerte aérienne est donnée par les veilleurs. Trop tard pour plonger, tous les canons antiaériens tirent vers le chasseur américain *Avenger* qui ne peut s'approcher. Il doit venir d'un porte-avions à proximité, pensent les deux servants du 20 mm quadruple qui entendent soudain l'air siffler : les ballasts se remplissent d'eau ! En se retournant, ils s'aperçoivent qu'ils sont seuls, leur sous-marin a commencé à plonger ! Ils ont à peine le temps d'ouvrir l'écoutille et de se jeter à l'intérieur, c'est Hoffmann qui la referme juste avant que l'eau ne recouvre le kiosque ! L'un des deux, Plottke, a eu deux côtes cassées lors de sa chute de 4,50 mètres... L'avion largue une torpille acoustique *Fido* et une bouée équipée d'un émetteur pour marquer la position. L'*U-172* descend à 80 mètres et échappe à la torpille. Après presque une heure en immersion, des bruits d'hélice sont entendus à l'hydrophone. Le commandant Hoffmann ordonne de remonter pour se positionner à profondeur périscopique... Encore une mauvaise manœuvre, l'*U-172* remonte trop vite et se retrouve à la surface à 9 h 27 ! Heureusement pour l'équipage, l'océan est vide. Le submersible plonge alors à 180 mètres et s'éloigne en changeant de cap de 180°. Mais seulement une heure plus tard, les hélices d'un destroyer sont entendues à l'hydrophone au 240... Puis à 10 h 52, un Asdic est mis en marche, maintenant au moins deux destroyers sont au-dessus... À 12 h 14, l'un d'entre eux envoie des gerbes de 24 grenades dont le bruit est entendu quand elles percent la surface ; mais curieusement aucune explosion, ce qui signifie qu'ils emploient le lanceur de grenades *Hedgehog* qui n'explosent qu'au contact, et qui sont mortelles à chaque fois... L'équipage entend aussi autour d'eux le bruit d'autres grenades classiques qui percent l'eau et explosent quelques secondes plus tard... Le bâtiment est secoué comme s'il recevait des coups, les lampes s'éteignent, l'éclairage de secours se déclenche. Jusqu'alors, les anciens avaient eu affaire à des destroyers d'escorte, cette fois il s'agit d'un groupe de chasse qui n'a d'autre but que de les envoyer par le fond. Le submersible vire continuellement pour s'en sortir et oscille à différentes profondeurs jusqu'à 180 mètres. Fuites d'eau dans le compartiment avant et dans celui des moteurs électriques ; à grande profondeur les pompes ne peuvent fonctionner à cause de la pression trop forte... La poursuite dure sept heures, des grenades *Hedgehog* pleuvent encore ainsi que des grenades réglées pour exploser entre 50 et 200 mètres. Puis plus d'Asdic ; à l'hydrophone on entend les destroyers s'éloigner aux alentours de 20 h ! Au bout de deux heures le commandant donne l'ordre de remonter à profondeur périscopique. Rien n'est aperçu, l'océan semble vide ! À 23 h 23, surface, l'*U-172* repart sur son moteur diesel tribord... Soudain, un destroyer est aperçu à 90° à seulement 2 000 mètres, avec une route parallèle au sous-marin. Est-il possible qu'ils n'aient pas été repérés ? Le sous-marin avance à environ 8 nœuds, le destroyer va un peu plus vite et ne se rapproche pas davantage... Mais soudain à 23 h 51, quand le capitaine américain de l'*USS George E. Badger*

Conformément à la tradition, les officiers de l'*U-172* signent sous la voûte dans l'annexe du château de Beauregard. LB

En dessous : Signature de l'officier en second, le comte autrichien Maximilian Coreth, du « *U-Neptun* » nom de code donné à l'*U-172* pendant son séjour à Saint-Nazaire. LB

pense que l'*U-172* va plonger, il fait ouvrir le feu avec son artillerie. Poursuivi par les tirs qui sont de plus en plus précis jusqu'à 0 h 18, le commandant Hoffmann décide de tirer une torpille acoustique T5 par le tube arrière V et de plonger aussitôt après. La torpille est lancée mais manque sa cible, son mécanisme délicat a probablement été déréglé par les explosions. L'*U-172* plonge jusqu'à 200 mètres, le destroyer largue deux séries de grenades anti-sous-marin à 00 h 24 puis 1 h 15. Peu de temps avant la dernière série, un second destroyer en approche est entendu à l'hydrophone... Durant presque sept heures, ils essaient avec l'Asdic de localiser l'*U-172*, dont la trace a été perdue depuis la dernière attaque. En vain... Le **13 décembre** à 7 h 59, ils reçoivent l'ordre de rejoindre le porte-avions *USS Bogue*.

Pendant ce temps, l'*U-172* s'est éloigné sur ses moteurs électriques. Mais à 8 h 10, un avion américain aperçoit une trace d'huile mouvante à 7 miles du lieu de la dernière attaque. Les trois destroyers *USS Osmond Ingram*, *USS Du Pont* et *USS Clemson* sont envoyés sur place à une vitesse de 24 nœuds. Les deux premiers arrivent à 9 h 49 mais ne peuvent localiser le sous-marin. Il est retrouvé par l'Asdic du *Clemson* à 11 h 02, qui largue sa première série de grenades six minutes plus tard. L'*USS George E. Badger* arrive à son tour ! Une nouvelle série de grenades est larguée à 11 h 35... À bord de l'*U-172*, les batteries n'ont presque plus de jus et l'air restant suffira à peine à gonfler les ballasts pour remonter... L'éclairage de secours s'éteint par moments... La violence des chocs a activé les torpilles situées dans les tubes II et IV... De plus, environ 10 tonnes d'eau ont pénétré à bord, ce qui alourdit le submersible... Les pompes sont complètement hors service. Il n'y a plus d'eau potable, des déchirures ont provoqué des mélanges avec d'autres liquides... Et la température avoisine les 50° ! Des fruits en boîte sont distribués pour calmer la soif... L'*U-172*, de plus en plus lourd, qui se trouve déjà à environ 220 mètres, va-t-il s'enfoncer seul vers les profondeurs ? Il n'y a plus d'issue... Trois séries de grenades explosent encore à proximité à 11 h 51, 12 h 02 et 12 h 12. Dans le même temps, le commandant réunit ses officiers et le timonier et leur explique la situation. Veulent-ils encore essayer de s'échapper dans ces conditions ou bien faire surface ? Le choix est fait, il donne l'ordre à l'ingénieur de remonter. Tous les hommes regardent anxieusement l'aiguille du manomètre aller vers la gauche. Hoffmann fait distribuer à chacun une bouteille de bière qui était réservée pour le passage de l'équateur. Les gilets de sauvetage sont enfilés lors de la remontée, qu'est-ce qui les attend en surface ?

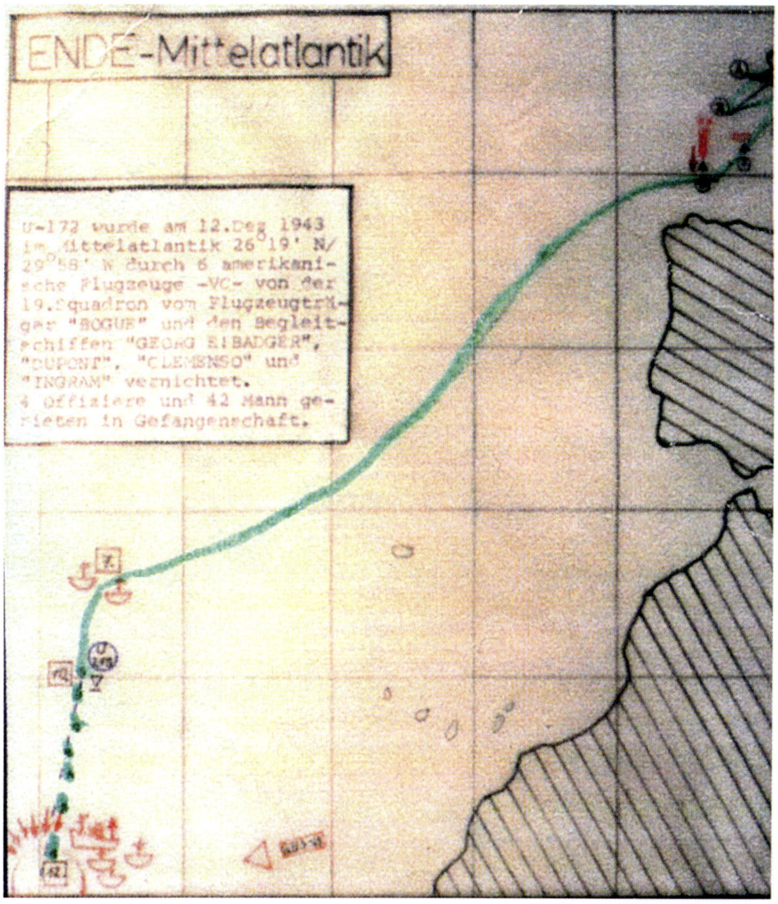


Carte de la 6e et dernière patrouille. UBA

Des responsables sont désignés pour saborder le bâtiment. Quand l'*U-172* fait surface à 12 h 16 le **13 décembre**, il découvre un destroyer à seulement 200 mètres sur bâbord, l'*USS Osmond Ingram* ! Le destroyer ouvre aussitôt le feu avec deux canons sur le sous-marin et avance pour l'aborder ! Sur un seul diesel encore en état de marche, l'*U-172* essaie de virer sur tribord pour ne pas être éventré par le destroyer qui approche. À partir du kiosque, le commandant ouvre le feu sur le destroyer avec une mitrailleuse ainsi que deux hommes avec des pistolets-mitrailleurs. Le destroyer, qui compte un mort et huit blessés, réplique de toutes ses armes. Dans le kiosque les tirs cessent pour l'évacuation totale de l'équipage par les trois écoutilles alors que les charges de sabordage sont déclenchées. Autour du sous-marin se trouvent trois destroyers et trois avions en vol, tous tirent maintenant au canon et à la mitrailleuse sur le submersible en train de couler où les morts et les blessés s'accumulent. Les survivants s'éloignent de leur sous-marin qui coule à 12 h 21, plusieurs sont encore touchés par des tirs. Puis le feu s'arrête, les bateaux s'approchent et récupèrent les rescapés dont le commandant ; treize hommes ont péri lors de l'attaque. Transférés sur le porte-avions *USS Bogue*, les quarante-six rescapés, dont dix sont blessés, seront bien traités puis conduits dans des camps de prisonniers aux USA où ils resteront trois ans. ■

Il serre la main des officiers. Derrière lui, Hermann Hoffmann, l'un des plus jeunes commandants de *U-Boot* à seulement 22 ans, qui a reçu par Emmermann son couvre-chef fétiche. UBA

Emmermann souhaite bonne chance à son ancien équipage. Derrière lui à droite, l'ingénieur Frohwein chargé d'instruire le nouveau *LI* durant le début de la mission. UBA

Le 22 novembre dans l'écluse de Saint-Nazaire, Carl Emmermann vient saluer l'équipage de l'*U-172* avant son départ. Il fera dupliquer cette photo pour l'envoyer dans les lettres qu'il écrira aux familles quand la disparition du sous-marin sera officielle. UBA

➲ Poursuivi par des avions puis des destroyers, l'*U-172* est resté en immersion le 12 décembre de 8 h 23 à 23 h 23 avant de faire surface pendant 55 mn, puis il a de nouveau plongé le 13 à 00 h 18. Très endommagé et sans réserves, il fait surface à 12 h 16 au milieu des destroyers américains ! Fumant et perdant de l'huile, il manœuvre encore vers tribord sur un moteur diesel pour présenter sa proue au *USS Osmond Ingram* qui avance pour l'aborder.

⮋ Le destroyer passe juste derrière la proue de l'*U-172* ! Dans le kiosque, le commandant Hoffmann et deux membres d'équipage ont ouvert le feu vers la passerelle du bâtiment de guerre. Le sous-marin va maintenant être pris pour cible par trois avions et trois destroyers. NA

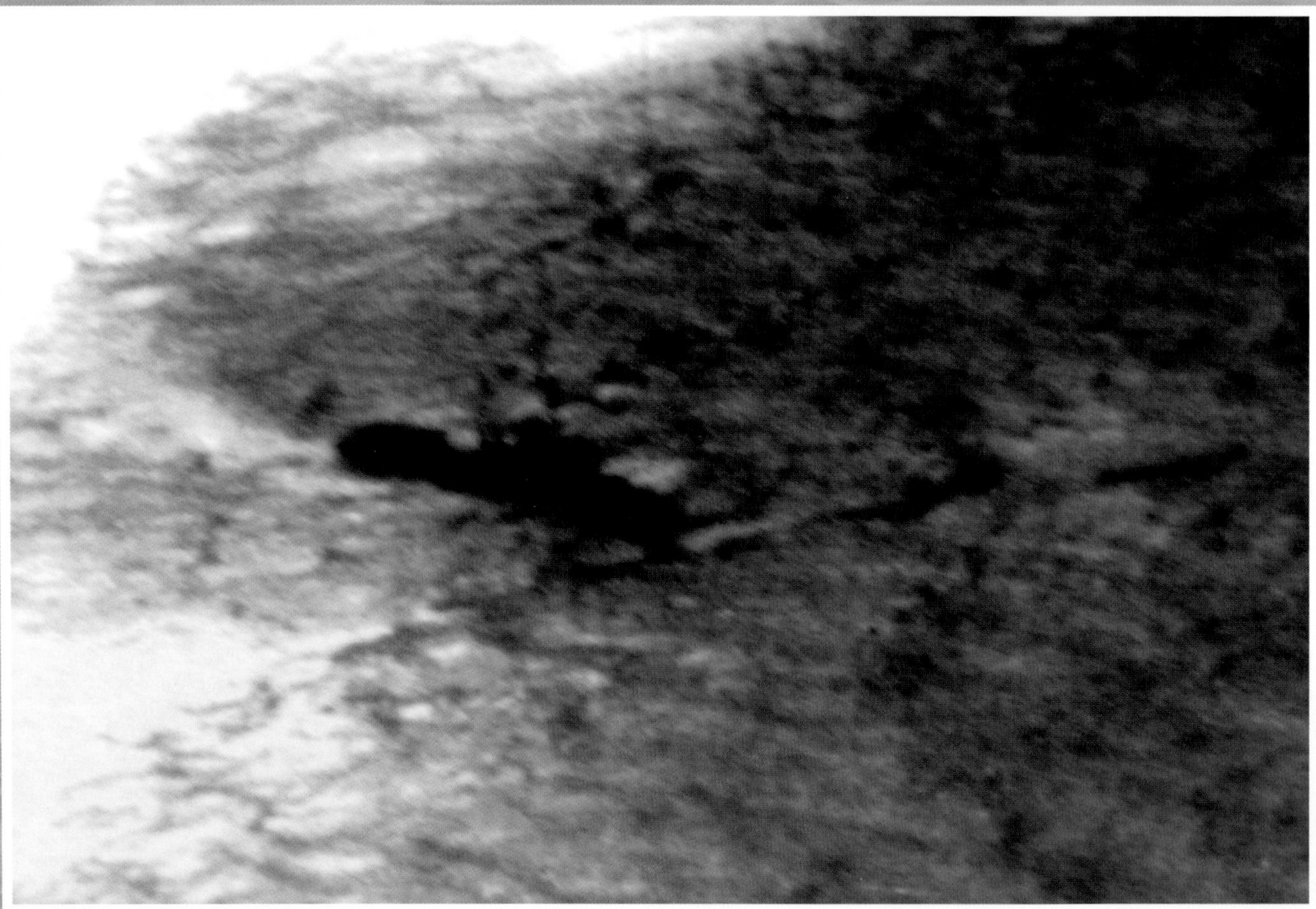

⊂ L'équipage a abandonné l'*U-172* qui coule à 12 h 20, après l'ouverture des vannes de sabordage par l'*Obermachinist* Arno Markgraf. L'*Obermaschinist* Balthasar Schuy choisit volontairement de rester dans le central, il fera partie des 13 morts. NA

⊍ Les survivants nagent, 45 seront sauvés dont 10 sont blessés. Les survivants seront longuement interrogés par les Américains. Le premier interrogatoire est très rapide et succinct (ex. pour Horst Höhmann : n'a rien coulé, n'a tiré sur rien, n'a rien vu…) mais permet un premier classement des hommes. De tous les interrogatoires sortira finalement un rapport de 131 pages très détaillé sur la carrière, les équipements et l'armement de l'*U-172*. NA

À Norfolk le 12 mai 1944, les pilotes américains ayant participé à la destruction de l'*U-172* reçoivent l'*Air Medal* de la part du *Vice-Admiral* P.N.L. Bellinger. De gauche à droite, *Lt.* Harold G. Bradshaw, *Ltjg.* James Eral Ogle et *Ltjg.* Marshal E. Burstad. NA

Photo souvenir d'hommes d'équipage de l'*U-172* en captivité au camp de Beale en Californie. En haut de gauche à droite : Martin Bierfreund, Walter Kutsch, Kurt Heil, Willi Leutner, Gerhard Rose, Herbert Plottke, Anton Köhler, Hermann Sager, Erdmann Missfeld ; au milieu : Günter Gutzeit, Helmut Braunagel, Ernst Hülsmann ; en bas : Alfred Schulze, Peter Dürr, Horst Höhmann, Otto Heiden, Ernst Peter. UBA

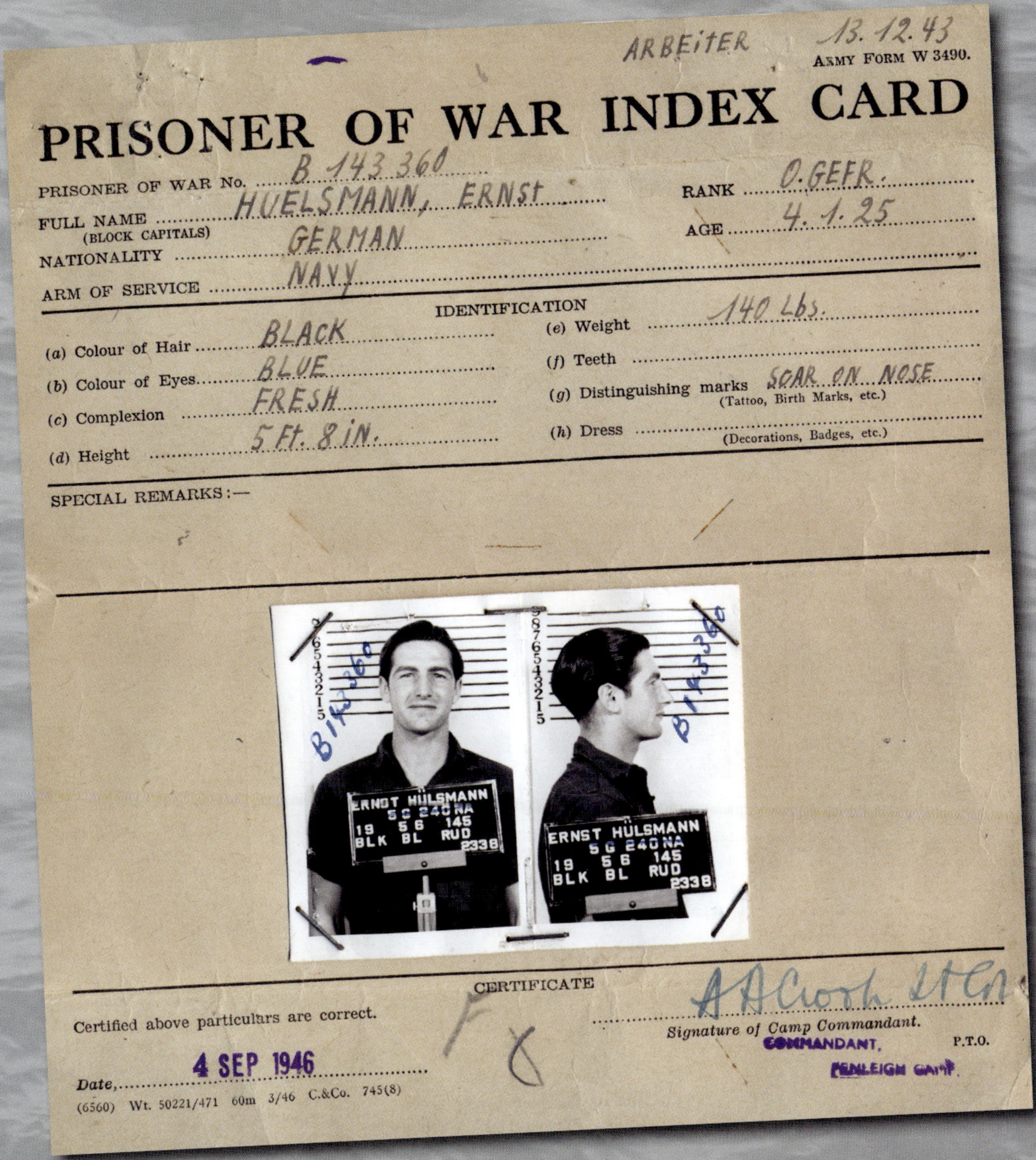

ARBEITER 13. 12. 43

ARMY FORM W 3490.

PRISONER OF WAR INDEX CARD

PRISONER OF WAR No. B 143 360

RANK O. GEFR.

FULL NAME (BLOCK CAPITALS) HUELSMANN, ERNST

AGE 4. 1. 25

NATIONALITY GERMAN

ARM OF SERVICE NAVY

IDENTIFICATION

(a) Colour of Hair BLACK

(b) Colour of Eyes BLUE

(c) Complexion FRESH

(d) Height 5 Ft. 8 IN.

(e) Weight 140 Lbs.

(f) Teeth

(g) Distinguishing marks (Tattoo, Birth Marks, etc.) SCAR ON NOSE

(h) Dress (Decorations, Badges, etc.)

SPECIAL REMARKS :—

ERNST HÜLSMANN 5G 240 NA 19 56 145 BLK BL RUD 2338

CERTIFICATE

Certified above particulars are correct.

Date, 4 SEP 1946

Signature of Camp Commandant.

COMMANDANT, PENLEIGH CAMP.

P.T.O.

(6560) Wt. 50221/471 60m 3/46 C.&Co. 745(8)

Carte américaine de prisonnier de l'ancien membre d'équipage Ernst Hülsmann. Ils seront rapatriés par bateau à Cuxhaven le 14 décembre 1946. UBA

Mémorial des sous-mariniers de Möltenort près de Kiel : plaque avec les noms des 13 victimes de l'*U-172* lors de son naufrage le 12 décembre 1943. LB

À partir de novembre 1943, entre la base de Saint-Nazaire et ses bureaux dans l'Hôtel Majestic à La Baule, le chef de la 6e flottille Carl Emmermann doit gérer les arrivées et les départs d'une trentaine de *U-Boote*, notamment leur programme d'entretien avec l'aide de ses ingénieurs de flottille. Ses services s'occupent du logement des sous-mariniers en escale et de leur bien-être, ainsi que des promotions et des remises de décorations. C'est aussi lui qui est chargé d'écrire les lettres aux familles en cas de disparition, de plus en plus nombreuses. Début août 1944, sept mois après sa prise de fonction, les Américains commencent à libérer la Bretagne. N'ayant quasiment plus de sous-marins de combat, la 6e flottille est dissoute. Juste avant l'encerclement de la région de Saint-Nazaire par les armées américaine et française, Carl Emmermann arrive à s'échapper en voiture via Paris pour rejoindre l'Allemagne.

Le 28 août 1944, il est engagé comme chef du groupe d'essai des nouveaux sous-marins côtiers modernes de type XXIII pour lesquels il rédige le manuel de combat. Il est élevé au grade de *Korvettenkapitän* le 1er décembre 1944. Mais l'action lui manque. Le 3 mars 1945, il est nommé commandant du *U-3037*, un sous-marin océanique moderne de type XXI tout juste sorti des chantiers navals. L'*U-3037* est conduit jusqu'à Travemünde pour que l'équipage s'entraîne au sein de la 4e flottille. Mais, la fin du conflit approche, il n'a pas le temps de partir en mission ; sans carburant disponible, Emmermann charge son officier en second de saborder leur sous-marin à quai le 3 mai 1945. Les Alliés arrivant devant Hambourg, il prend la tête du « Bataillon d'Infanterie Emmermann » chargé, avec d'autres unités terrestres, de la défense de sa ville natale.

Puis, en trois jours de marche, il rejoint Flensburg tout au nord de l'Allemagne où il est fait prisonnier par les Britanniques le 8 mai 1945. Ces derniers l'engagent aussitôt dans un service de police pour les aider à maintenir l'ordre dans la ville désorganisée. Fin juillet 1945, il décide d'aller chercher sa femme qui se trouve dans le Taunus à une distance de 800 kilomètres. Dans un cabriolet avec des plaques « Military Police », muni de papiers tamponnés en anglais, en uniforme de marine sans son aigle de poitrine, il est pris partout pour un officier de marine britannique. Il passe les contrôles sur l'Elbe sans même s'arrêter puis récupère son épouse en secteur d'occupation américain. La chance lui sourit encore une dernière fois à la fin de sa carrière de marin : il est rendu à la vie civile dès le 2 septembre 1945...

Après avoir passé deux diplômes, à partir de 1948, l'ingénieur Carl Emmermann va mener une vie professionnelle bien remplie dans l'industrie, jusqu'à sa retraite en 1976. Membre du Rotary International, il a beaucoup voyagé et est devenu ami avec l'Américain Henry Stephenson, l'ancien capitaine du *Santa Rita* fait prisonnier à bord de l'*U-172*. Il est décédé le 25 mars 1990. ■

Château de Beauregard, le 7 novembre 1943, le *Korvettenkapitän* Wilhelm Schulz, qui commandait la 6e Flottille de Saint-Nazaire depuis sa création le 22 septembre 1941, salue son successeur Carl Emmermann. UBA

L'emblème de la 6e Flottille de Saint-Nazaire. UBA

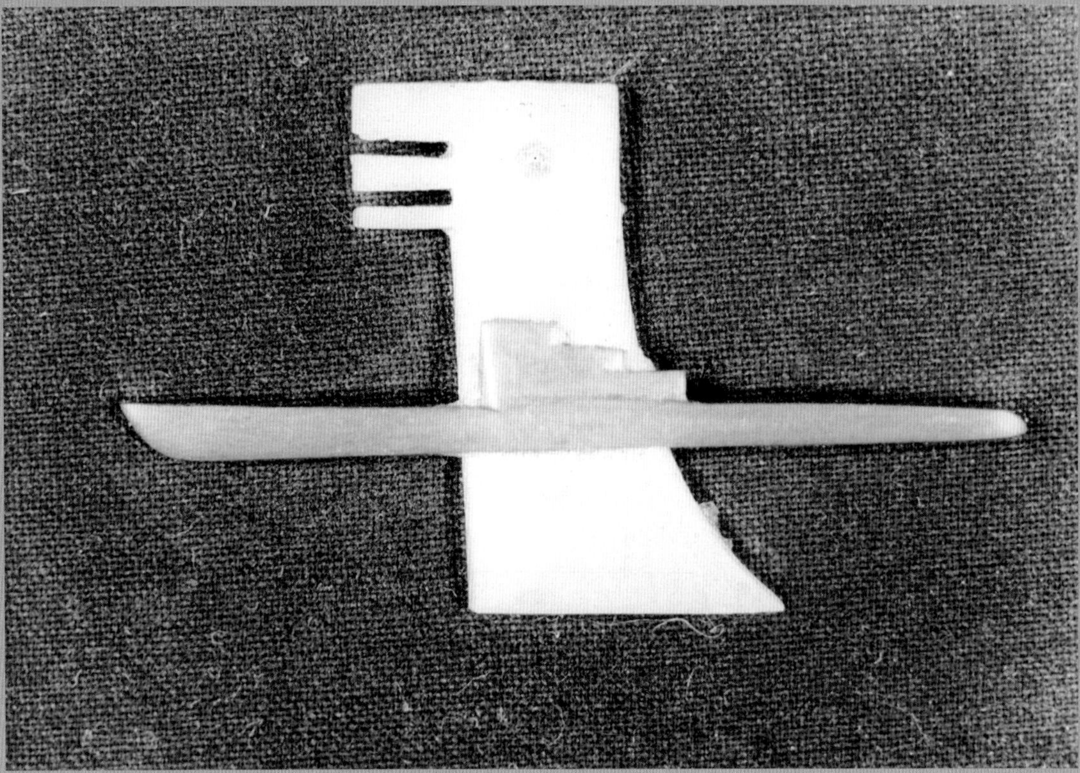

⮍ Camp des sous-mariniers de Beauregard « Seibicke Lager ». Discours au personnel à terre et aux équipages de la 6e Flottille. Âgé de 28 ans, Carl Emmermann a autorité sur environ 2 000 marins. UBA

Écluse de Saint-Nazaire, discours aux membres d'équipage de l'*U-757* avant leur départ le 29 décembre 1943. Le chef de flottille se rend à tous les départs et arrivées des sous-marins de sa flottille : 16 fois en novembre 1943, 18 en décembre et 16 en janvier 1944. Dans l'attente de l'installation du schnorchel et avec des pertes toujours plus élevées, il n'y a plus que sept arrivées-départs en février 1944, une en mars, cinq en avril et une en mai. Le premier *U-Boot* doté d'un schnorchel dans une base française est l'*U-264* de la 6e Flottille, qui part en opération le 5 février 1944; mais il est coulé 14 jours après son appareillage... UBA

Cérémonie de remise de Croix de fer à des sous-mariniers de l'*U-445* devant le château de Beauregard en mars 1944. Au fond, son commandant Rupprecht Fischler Graf von Treuberg. Ce sous-marin disparaitra avec tout l'équipage le 24 août 1944. UBA

La Baule, le dimanche 20 mai 1944, cérémonie de remise de la Croix allemande en or au timonier de l'*U-437* Karl Bade, devant l'Hôtel Majestic où se trouvent les bureaux de l'état-major de la 6e Flottille. LB

L'après-midi, les officiers des 6e et 7e Flottilles se sont déguisés pour fêter l'Ascension et défilent sur le remblai de La Baule. UBA

Carl Emmermann, revêtu d'une canadienne, pipe à la bouche, a pris place dans la voiture de queue. UBA

Réunion des chefs de flottille de l'Ouest le 29 mai 1944 à l'Hôtel Celtic de La Baule pour la transmission des consignes à appliquer en cas de débarquement allié. De gauche à droite, Lehmann-Willenbrock (9e Flottille, Brest), Kuhnke (10e, Lorient), Piening (7e, Saint-Nazaire), Kals (2e, Lorient), Roesing commandant des *U-Boote* à l'Ouest, Zapp (3e, La Rochelle), Winter (1re, Brest) et Emmermann (6e, Saint-Nazaire). UBA

⮉ Accueil le 4 juin 1944 du commandant Hans-Guido Valentiner de l'*U-385*. UBA

➲ Carl Emmermann sur le remblai de La Baule après le 6 juin 1944. De la 6e Flottille, seul l'*U-269*, doté d'un schnorchel à Saint-Nazaire au début de l'année, a été envoyé à Brest où sont regroupés les *U-Boote* dotés de ce nouvel équipement. Les autres sous-marins de la flottille ne sont pas pour le moment concernés par la tentative de contrer le débarquement de Normandie. UBA

Fête sportive dans la piscine du camp de Beauregard le 21 juin 1944. À ce moment, l'installation du schnorchel est en cours à Saint-Nazaire sur trois sous-marins de la 6e Flottille, les *U-228*, *U-385* et *U-672*. UBA

Emmermann, avec calot et lunettes de soleil, assiste à la compétition sportive sur le bord de la piscine. Tant qu'ils ne sont pas dotés du schnorchel, ses sous-marins sont dans l'impossibilité de se rendre vers la Manche. UBA

Diplôme signé par Emmermann pour récompenser les membres d'équipage de l'*U-758* qui ont gagné l'épreuve du crawl en 4 x 50 mètres. UBA

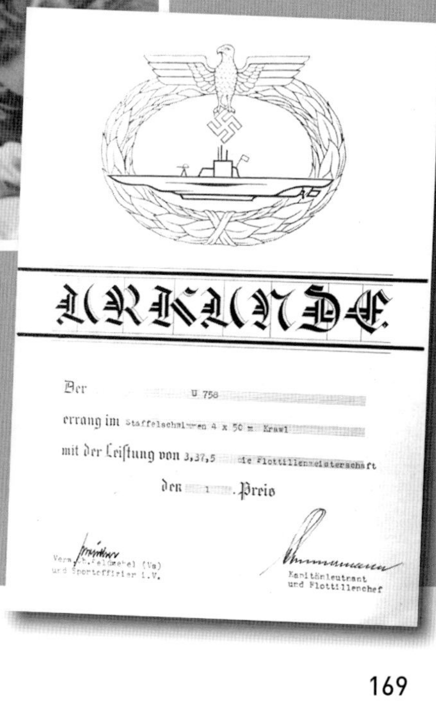

URKUNDE

Der U 758

errang im Staffelschwimmen 4 x 50 m Krawl

mit der Leistung von 3,37,5 die Flottillenmeisterschaft

den 1. Preis

Verw.Ch.Feldwebel (Vs) und Sportoffizier i.V.

Kapitänleutnant und Flottillenchef

Page de gauche : La Baule juillet 1944, Carl Emmermann n'a quasiment plus d'activité. Les *U-Boote* de type VII partis de Brest n'ont pas réussi à stopper le Débarquement. L'état-major de l'arme sous-marine compte sur les nouveaux types XXI en construction en Allemagne pour reprendre l'offensive. Quel est le destin des cinq sous-marins de la 6e Flottille dotés d'un schnorchel à Saint-Nazaire entre fin juin et septembre 1944 ? L'*U-672* part vers la Manche le 6 juillet, suivi de l'*U-385* le 9 août. Les trois derniers l'*U-228*, l'*U-758* et l'*U-673*, quitteront leur port d'attache pour évacuer vers la Norvège. UBA

Le 7 août 1944, Emmermann, dont la flottille est dissoute, quitte la région de Saint-Nazaire quasiment encerclée par les Alliés pour rejoindre l'Allemagne en voiture. Il salue le chef de la 7e Flottille Adolf-Cornelius Piening qui va rester jusqu'en mai 1945. UBA

Emmermann dirige les essais des types XXIII pendant six mois. À droite l'*U-2329*. UBA

Le 3 mars 1945, Carl Emmermann est nommé commandant de l'*U-3037* de type XXI, construit par les chantiers navals AG Weser de Brême. UBA

Les canons antiaériens de l'*U-3037*. Sans carburant disponible, il sera sabordé à quai dans le port de Travemünde le 3 mai 1945. UBA

Le *Korvettenkapitän* Emmermann dans le kiosque de l'*U-3037*, aux formes avant-gardistes. UBA

Enrôlé comme auxiliaire de la police britannique à Flensburg, fin juillet 1945, Carl Emmermann, qui parle couramment l'anglais, parcourt 800 km en zones britannique et américaine pour aller chercher son épouse. Dans une voiture avec des plaques *« Military Police »*, sans son aigle de poitrine sur sa vareuse, il est pris pour un officier de marine britannique par les soldats de l'armée de terre chargés des contrôles, qui ne connaissent pas les grades spécifiques de la marine ! Il est libéré le 2 septembre 1945. Coll. Heiko Eichner

Première réunion nationale des anciens sous-mariniers allemands à Hambourg en 1954. De gauche à droite, Otto Kretschmer, Hans-Georg Schulz, Teddy Suhren, Erich Topp, Reinhard Hardegen, Werner Hartmann, Carl Emmermann et Peter Cremer. UBA

❶ Réunion des anciens de l'*U-172* et de l'*U-3037* à Hambourg en 1959. UBA

Les deux anciens commandants de l'*U-172* Hoffmann et Emmermann le 6 mars 1990. Carl Emmermann décédera 19 jours plus tard, à l'âge de 75 ans. UBA

**Bibliographie :**

Journal de bord du *U-172*.
*Die dritte Dimension, souvenirs de Carl Emmermann*, manuscrit non publié, 1981.
*Die Ritterkreuzträger der U-Boot-Waffe*, de Manfred Dörr, Biblio Verlag 1988.
*Fächer Los* de Herbert Plottke, Podzun-Pallas 1994.
*Der U-Boot Krieg*, 1 à 5, Rainer Busch & Hans-Joachim Roll, Mittler Verlag 1996-2003.
Rapport de Marc-André Haldimann sur la fin de l'*U-172*.
Les sites internet u-boat.net et uboatarchive.net

**Remerciements :**

M. Horst Bredow † créateur du U-Boot-Archiv de Cuxhaven et mon frère Marc, Eric-Jan Baker, Josef Charita, Andreas Dwulecki, Heiko Eichner, Jerry Mason, Axel Niestlé, Axel Urbanke et, pour leur relecture, Monique ma mère, MM. Thierry Cassou, Alain Durrieu et Cédric Lesouef.

Ce livre est dédié aux victimes des bateaux coulés par le *U-172*.

Achevé d'imprimer en mai 2019
sur les presses de l'Imprimerie de
Champagne (52200 Langres) pour
le compte des éditions Heimdal,
Georges Bernage, éditeur.

ISBN : 9782840485292
Dépôt légal 2e trimestre 2019